尋味希臘

王玲慧 文·攝影

CONTENTS

特產篇：購物狂的異想世界

番外篇：我的伊斯坦堡廚房

作者序
旅行，從一堂料理課開始

　　希臘是很多人嚮往的蜜月勝地，一個浪漫的國度，她有悠遠的歷史與豐富的古文明遺產吸引人們去探索，也有湛藍到不可思議的天空和海洋，洋溢著美麗傳說與一片藍白交織的小島風情。在這裡，人們會被神話故事裡的眾神邀請，一起進入諸多傳說的起源之地；在這裡，人們也會一不小心就墜入愛琴海的浪漫奇境裡悠遊，忘了把心帶回來。

　　希臘不專屬於沉醉兩人世界的新婚蜜月者，或是甜蜜如膠的情侶檔，希臘是任何一個人都可以如愛琴海的魚一樣悠遊的地方。山丘上的神殿遺跡散發著古典的餘韻，夏日的陽光在愛琴海上跳舞，天空湛藍得很希臘，要如何決定旅行的方向呢？同樣的國度，每個人走的行程可以不同；一樣的旅行路線，每個人的觀察與體驗也可能很不一樣。懂得精省的背包客有自己的一套旅行方式；擅長攝影的旅行者看世界的角度有別於一般的普羅大眾；有自己想法的人，便可以規劃出屬於個人的旅行風格，即使什麼都不想，買張機票說走就走的隨性方式，也有自己的漫遊行跡。旅行的迷人之處正是它給予了無限的可能性。

　　我們的旅行從雅典的希臘料理課開始，以伊斯坦堡的土耳其料理課結束。旅行多年以來，這是第一次以異國料理課作為旅行的主題，我從以往每到一個城市就急著開始找景點，轉變成到了旅行的國度先找尋料理課資訊作為開始，這兩者最大的不同就是：認識這個國家的方式。

　　用料理課的方式接觸這個城市，認識這個國家，是我極為喜愛的方式。「食」也是旅行中相當重要的一個因素，吃得好不好對我來說並不是指一定要吃到高檔料理，而是指吃到道地的料理或物美價廉的美食。避免選擇賣給滿街觀光客的餐廳，因為一旦踩到地雷，就會誤以為這個國家的料理不好吃，而產生了負面印象。

　　以料理課作為旅行的開始，或是在旅行當中為自己安排一堂料理課，我不再只是於城市的茫茫人海中隨便找一家餐廳，碰碰運氣，解決一餐。「吃」，應該不是旅行中唯一重要的事，但旅途中吃得開心，卻足以撫慰旅人疲憊的思緒，振奮旅人的心情，充實整個行程。

　　我喜歡以這樣的過程認識這個國家，就像找到一位當地的朋友作為嚮導，帶我從食物開始，以親手做料理的方式開啟一趟味蕾旅行。料理課的菜色必定是相當具代表性的傳統美食，或是非常經典的特色料理，它滿足了我的好奇心，也讓旅行有了更深度的體驗。課堂上有來自世界各國的旅人，聚在這個教室裡，美食是大家共通的語言，由陌生到認識，藉由食物相互交流，在老師的帶領下，親手做異國美食，品嚐道地的料理，讓自己的感官透過手作與品味，以嗅覺、味覺和視覺開啟一趟聞香而來，色彩鮮豔，味道豐富，激發你心靈感受「香豔刺激」的美好旅行。

王玲慧

PART 1
行程規劃與
行前準備

希臘基本資訊

- 國名：希臘共和國（Hellenic Republic）
- 首都：雅典
- 語言：希臘語
- 面積：131,957 平方公里（約臺灣的 3.66 倍）
- 人口：約 1 千 1 百萬人
- 宗教：希臘正教
- 時差：比臺灣晚 6 小時（夏令時間比臺灣晚 5 小時）。
- 電壓：220V ／插頭為二根圓頭，插座為圓形凹孔，使用臺灣電器需帶變壓器和轉接插頭。
- 幣別：使用歐元，匯率約 1:33.74（2015 年 4 月 23 日）
- 國碼：30

雅典

希臘地圖、路線

馬其頓

阿爾巴尼亞

塞薩洛
尼基

佩拉

特里卡拉

希臘

愛琴海

雅典

☆米克諾斯

☆納克索斯

☆聖托里尼

克里特

F.R.AE

🌾 地理

　　希臘位於東南歐巴爾幹半島的南端，北邊與保加利亞、馬其頓、阿爾巴尼亞接壤；東臨愛琴海與土耳其相望；西臨愛奧尼亞海與義大利為鄰；南臨地中海。國境內多山，約占國土面積 80%，是歐洲最多山的國家之一。班都斯山脈（The Pindus）為主要山

脈，縱貫西部，境內最高的山為海拔 3,000 公尺的奧林帕斯山（Mount Olympus），最大半島為伯羅奔尼薩半島（Peloponnese）。希臘的海岸線全長約 15,000 公里，屬於複雜而變化多端的地形，國土有 15% 的面積是島嶼，共有 3,000 個大小島嶼，分成幾個不同的群島，西部的愛奧尼亞群島（Ionian），東部的斯波拉提斯群島（Sporades），向南分布的基克拉德斯（Cyclades）群島和多德喀尼斯（Dodecanese）群島，其中最大的島是克里特（Crete）。

聖托里尼

🌾 歷史

　　希臘位於歐亞交界之處，地理位置優越，在五千多年的歷史中，很多時候是處在強權爭奪與戰爭頻繁的情況，歷盡滄桑卻始終沒有固定的版圖，直到 1975 年建立民主共和國後才確立了領土疆界。希臘漫長的五千年歷史大略可分為如下幾個時期。

古文明時期

　　希臘是歐洲文明的發源地，最早的愛琴海文明約在西元前 3000 年左右到 1400 年之間克里特島的米諾安文明，屬於青銅器時代。考古學家發現克里特島的皇宮遺址，其遺留下來的文物顯示出米諾安人富裕的生活與高度的文明。西元前 1450 年左右，在伯羅奔尼薩半島興起的邁錫尼文明取代了米諾安文明，邁錫尼人成為愛琴海地區的強權。荷馬史詩中提到的黃金王國邁錫尼於 1876 年被發掘，其巨石城牆與大量金飾、青銅器、陶器文物可印證當時的強盛。

黑暗時期

西元前 12 世紀時邁錫尼文明結束,被多利安人所滅,之後伯羅奔尼薩半島邁入了所謂的「黑暗時期」,戰亂紛起的黑暗時期造成希臘城邦形成的背景。此時期因戰爭頻繁,是文化發展停滯期。

希臘古典時期

西元前 8 世紀到前 6 世紀許多地區發展出由國王領導的城邦國家,各自成為獨立的政治單位,城邦政治發展得相當完整。此時期也稱為荷馬時代,文化上以神話和史詩為主。荷馬將神話與傳說故事編寫成為《伊里亞德》與《奧德賽》兩部史詩,是西方文學最早的作品。

西元前 6 世紀到前 4 世紀城邦政治當中以雅典與斯巴達為代表。此時期是希臘黃金時期的到來,雅典的興盛、民主的發展使當時的公民已擁有投票權利,希臘人在政治、經濟、藝術、科學、哲學、建築等發展相當驚人,蘇格拉底、柏拉圖、亞里斯多德等哲學家對西方思想影響相當深遠。

希臘化時期

城邦政治後期衝突不斷,直到馬其頓帝國崛起,亞歷山大的出現才統一了希臘,隨其遠征建立橫跨歐、亞、非的龐大帝國,希臘文化傳播各地。西元前 323 年亞歷山大死後帝國分崩離析。

羅馬時期

西元前 168 年,希臘被羅馬征服統治,希臘文化持續影響之後的羅馬帝國。西元395 年羅馬帝國分裂為二,希臘成為以君士坦丁堡為首都的拜占庭帝國(東羅馬帝國)的版圖之一,東羅馬帝國繼承希臘化時期的特色,並帶動了基督教信仰的發展。

鄂圖曼土耳其統治期

1450 年土耳其人的勢力擴張,1453 年攻陷君士坦丁堡,東羅馬帝國滅亡,其後鄂圖曼土耳其占領雅典且征服了整個希臘,統治了四百年之久。

近代希臘

　　1821 年希臘人宣布獨立，希臘獨立戰爭延至 1828 年才結束。第一、二次大戰後希臘經歷了內戰與軍政府時代，直到 1975 年建立民主共和國。1981 年希臘成為歐洲經濟共同體的會員，且於 2001 年加入歐元行列。

氣候

　　希臘屬於地中海型氣候。夏天乾燥炎熱，7、8 月日照很強，降雨量極少。9 月進入秋天，天氣轉涼，早晚溫差大。冬天氣候溫和雨量較多，11 月至 3 月間氣候較不穩定，北部地區寒冷，山區通常被雪覆蓋。

國定假日

日期	節日
1 月 1 日	新年
1 月 6 日	主顯節
2 月（非固定日期）	潔淨星期一
3 月 25 日	獨立紀念日
4 月（非固定日期）	耶穌受難日
4 月（非固定日期）	復活節
5 月 1 日	勞動節
6 月（非固定日期）	聖靈降臨節
8 月 15 日	聖母升天日
10 月 28 日	「不」紀念日（拒絕墨索里尼最後通牒的勝利紀念日）
12 月 25、26 日	聖誕節、聖誕節贈禮日

國定假日許多景點及商店皆不開放營業，因此最好事先查清楚。
查詢國定假日網址：en.wikipedia.org/wiki/Public_holidays_in_Greece

希臘的世界遺產

希臘擁有 17 項世界遺產，大多數是西元前建設的神殿及聖地遺跡。

§ 1
雅典衛城
Akropolis，Athens
（1987 年，文化遺產）

希臘最具代表性的遺跡群，也是雅典這座城市的象徵。西元前 5 世紀時雅典人在山丘上建造衛城的神殿，作為祭祀的聖地，同時也是城市及國家的防衛要塞。聳立在 70 公尺高、山丘上的大理石建築群中，巴特農神殿（Parthenon）、伊瑞克提翁神殿（Erechtheion）、戴奧尼索斯劇場（Theatre of Dionysos）及海羅德斯·阿提卡音樂廳（Odeon of Herodes Atticus）是其中最精采的。

古希臘最重要的宗教聖地，德爾菲被視為世界的中心。古希臘各城邦國王藉由祭司的卜卦祭祀得知阿波羅神的神諭，才能做出重大的決定。因此建造了阿波羅神殿、收藏朝聖者獻禮的寶庫、祭壇及劇場等建築。

§ 2
德爾菲遺跡
Archaeological Site of Delphi
（1987 年，文化遺產）

§ 3
埃皮道洛斯遺跡
Archaeological Site of Epidaurus
（1988 年，文化遺產）

西元前 4 世紀時，埃皮道洛斯被視為醫神阿斯克雷皮亞斯（Asclepius）的誕生地，亦是古代希臘的醫療聖地。有為祭祀而建的神廟，為醫療而建的住宿設施、浴場、劇場和運動場等建築，因為古希臘人認為心理與身體的醫療同等重要。遺跡中保存最完整的是巨大的半圓形劇場，可容納 14,000 個觀眾，原本作為祭祀時演戲娛神用的劇場，現在是夏季慶典的表演場地。

§ 4 §

奧林匹亞考古遺跡
Archaeological Site of Olympia
（1989 年，文化遺產）

古希臘人崇敬眾神，舉行祭神的慶典以討神歡喜，在舉行慶典的同時會舉辦體育競賽和藝文表演，奧林匹亞就是奧林匹克運動會的起源地。每四年舉辦一次的運動會開始之前，象徵運動精神的聖火會在奧林匹亞的希拉神殿點燃再傳遞到世界各地。遺址裡殘留的重要建築有宙斯神殿、希拉神殿、菲迪亞斯工作室、體育場與賽馬場等。

邁錫尼與提林斯兩個古希臘文明遺址的出土，印證了荷馬史詩提到的黃金王國。1876 年德國考古學家謝里曼的發現，讓西元前 16 世紀到前 12 世紀時期掌控希臘本土及愛琴海島嶼的強權，邁錫尼文明重現。遺跡裡的精采建築有衛城的獅子門、阿特留斯的寶庫，其出土的黃金面具及各種文物收藏於雅典國家考古博物館中。

§ 5 §

邁錫尼與提林斯遺跡
Archaeological Site of Mycenae and Tiryns
（1999 年，文化遺產）

§ 6 §

提洛斯島
Delos
（1990 年，文化遺產）

位在基克拉澤斯群島中央的提洛斯島，傳說是太陽神阿波羅與月神阿爾米特斯的出生地，在西元前 7 世紀時被視為祭祀的聖地，因此建造了許多神殿，島上最有名的地標是守護阿波羅聖地的五座張嘴獅子雕像。提洛斯島地理位置優越，西元前 478 年，以雅典為中心對抗波斯的提洛斯同盟據點即設立在此，其後在羅馬統治時代是愛琴海上的貿易中心。提洛斯島在 6 世紀後被無數侵略者毀壞成為廢墟，直到 19 世紀展開考古挖掘，整座島嶼是一個大型遺跡。

羅德島是位在愛琴海諸島中最東邊的島嶼，最早的建城歷史約是西元前 408 年，經過戰爭及地震的破壞，現存的舊城主要是 14 世紀時由聖約翰騎士軍團所建，中世紀風格的古城裡有拜占庭教堂、清真寺、猶太人教堂等不同文化景觀。

§ 7 ?

羅德島的中世紀都市
Medieval city of Rhodes
（1988 年，文化遺產）

§ 8 ?

達芙尼修道院、荷西歐斯·魯卡斯修道院、西歐斯島的尼亞·摩尼修道院
Monasteries of Daphni, Hossios Luckas and Nea Moni of Chios
（1990 年，文化遺產）

分別位在雅典西北邊郊區、希臘中部地區和靠近小亞細亞的一個愛琴海小島，三座修道院相隔有些距離，但屬於相同的類型、相同的美學特徵，教堂是屬於十字形狀與大圓頂構成的八邊形結構，內部裝飾有精美鑲嵌畫，大約於 11 世紀末時完成，代表拜占庭中期的藝術傑作。

米斯特拉是中世紀遺留下來的拜占庭城市，其宮殿、王室住宅、教堂與修道院由城牆所包圍防護，曾是繁榮的商業中心，先後被拜占庭、土耳其、威尼斯人統治過。在 1825 年希臘獨立戰爭中，城市慘遭嚴重破壞而被遺棄，僅殘留一些教堂及修道院的遺跡。

§ 9 ?

米斯特拉
Mystras
（1989 年，文化遺產）

§10

帕特摩斯島的聖約翰修道院與
啟示錄洞窟的歷史區
Historic Centre（Chora）with the Monastery of Saint John "the Theologian" and the Cave of the Apocalypse on the Island of Patmos
（1999 年，文化遺產）

聖經的《啟示錄》提到此地，當時使徒約翰流放到這裡，被耶穌賦予默示而執筆《啟示錄》的洞窟，成為基督徒朝聖之地。10 世紀末時，在此建造祭祀聖約翰的修道院，成為希臘正教的學習之地。

西元前 168 年時羅馬統治的城市，是基督教最早的傳播地之一，使徒保羅曾在此傳道。其後塞薩洛尼基屬於東羅馬帝國控制，重要性僅次於君士坦丁堡。基督教建築包括宏偉的教堂，從 4 世紀至 15 世紀經過不斷修建，在漫長的時間裡反映出不同時期的建築特點，圓形建築、聖迪米特里斯教堂等的拜占庭藝術是早期基督教藝術之傑作。

§11

塞薩洛尼基的初期基督教
與拜占庭式建築群
Paleochristain and Byzantine Monuments of Thessalonika
（1988 年，文化遺產）

§12

維吉納遺跡
Archaeological Site of Vergina
（1996 年，文化遺產）

位於希臘北部，是古代馬其頓王國最初的首都埃蓋（Aigai）所在，亞歷山大的父親菲力普二世的墳墓是重大發現。

希臘東邊的愛琴海小島薩摩斯島，為數學家畢達哥拉斯的出生地，優美的港都可見希臘羅馬的歷史遺跡，希拉神殿曾經過多次修建，仍然可見到其壯觀的規模。

✥ 13 ✥

薩摩斯島的皮塔哥利歐與希拉神殿
Pythagoreion and Heraion of Samos
（1992 年，文化遺產）

✥ 14 ✥

巴賽的阿波羅神殿
Temple of Apollo Epicurius at Bassae
（1986 年，文化遺產）

這個興建於西元前 5 世紀的著名神殿是為祭祀太陽神阿波羅所建，位於伯羅奔尼薩半島西邊，座落在阿卡迪亞的群山間，是目前發現最早的科林斯式柱建築。

位於希臘中部，色薩利亞平原西北邊，高踞於巨岩山頂的修道院，有如懸在天空的城市。修道院是修士們以纜繩與吊籃運送一磚一瓦及日常物資上來建造的，大部分建於 14 世紀左右，現今僅存 6 座修道院，院內保存了精緻的聖像畫。

✥ 15 ✥

梅特歐拉
Meteora
（1988 年，綜合遺產）

§16
阿索斯山
Mount Athos
（1988 年，綜合遺產）

希臘北部的一座半島山，被視為東正教的聖山，其內有 20 座修道院及一千多名修士，為東正教的精神中心。修道院建築是一群高大建築包圍形成，其外觀像城堡，具有保護功能，修道院內擁有大量中世紀聖像及聖物等文物。這座自成一個世界的聖山，嚴禁女性及小孩入山，進入的訪客亦有人數限制，須先獲核准。

位於希臘西北部海岸科孚島的要塞城堡，與阿爾巴尼亞隔海峽相望，占據亞得里亞海入海口的位置，極具戰略價值。先後被羅馬帝國、拜占庭帝國、熱那亞人管控過，1401 ～ 1797 年時期是威尼斯人統治，在 1573 年時由威尼斯工程師設計興建了三座要塞城堡作為重要軍事據點，保

§17
科孚老城
Old Town of Corfu
（2007 年，文化遺產）

護海上利益。鄂圖曼土耳其多次侵略，當時是西方抵抗鄂圖曼帝國的堡壘。19 世紀英國統治時期，要塞經歷多次修建，部分重建，古城和港口建築群因保存良好而聞名。

憲法廣場

鳥瞰戴奧尼索斯劇場

聖托里尼

克諾索斯遺址

1.2 梅特歐拉

行程建議

到希臘自助旅行難不難？希臘是以旅遊業為主的國家，大部分旅遊地點英文可以通，交通便利，治安也算良好，是一個方便自助旅行的國家。

如何選擇旅行的季節呢？希臘最佳的旅遊季節是 4 月至 10 月。如果只在希臘本島旅遊，任何季節出發都可以，選擇淡季前往，機票與住宿會便宜許多。若要前往愛琴海各小島，比較合適的時間是 5 月至 9 月，氣候較穩定，飛機航班和渡輪船班的班次多。7、8 月是旅遊旺季，天氣最好，也是住宿房價的高峰期，若考慮天氣因素與住宿價格，且希望避開高房價，6 月與 9 月則是最適合前往旅遊的時期。

渡輪

渡輪座艙

需要多早之前開始規劃行程呢？想要訂到便宜的機票，以及熱門的飯店或民宿，就要提早規劃，最好在半年前便開始留意機票和訂房的價格，如此一來可以省下不少錢。

需要安排多少時間在希臘本土與小島旅行呢？如果行程想以愛琴海小島為重點，從雅典進出，雅典停留兩天加上選擇停留兩個小島，例如超人氣的聖托里尼與米克諾斯兩島，至少需要 6 ～ 7 天，加上搭乘國際線飛機的往返時間，至少需要 9 或 10 天；若是能安排 14 天以上的假期，可以加上克里特島及納克索斯島（或羅德島），小島旅行則更豐富。如果還要加上希臘本島的一些景點，如邁錫尼、德爾菲兩地，或是選擇希臘北方的塞薩洛尼基與梅特歐拉，那大概需要再多個 3 ～ 4 天。一般來說，盡量以大約兩周左右的假期來安排較充裕。例如：

- 方案 1：雅典市區 2 日＋希臘小島 4 日（選擇聖托里尼及米克諾斯）
- 方案 2：雅典市區 2 日＋希臘小島 4 日＋希臘本島 3 日（選擇邁錫尼、德爾菲）
- 方案 3：雅典市區 2 日＋希臘小島 6 日＋希臘本島 3 日（選擇希臘小島 2 ～ 3 個及希臘本土的德爾菲、梅特歐拉等）
- 方案 4：雅典市區及近郊 3 日＋希臘小島 8 日＋希臘本島 3 日（選擇希臘小島 3 ～ 4 個，希臘本土的德爾菲、梅特歐拉等）

旅遊快易通

★旅遊資訊
- 希臘國家觀光局：www.visitgreece.gr
- 希臘國家文化旅遊局：www.culture.gr
- 希臘旅遊：www.gtp.gr
- 希臘渡輪：www.ferries.gr
- 希臘國家鐵路局（OSE）：www.ose.gr
- 新雅典機場：www.aia.gr
- 愛琴航空（Aegean Airline）：en.aegeanair.com
- 奧林匹克航空（Olympic Airline）：www.olympicair.com/en
- 方便的機票比價網站：www.priceline.com
- 背包客棧希臘論壇：www.backpackers.com.tw/forum/forumdisplay.php?f=115
- 背包客棧機票比價暨機位查詢系統：www.backpackers.com.tw/forum/airfare.php
- 雅虎氣象：weather.yahoo.com/greece/greece/greece-23424833
- 希臘國家氣象服務：www.hnms.gr/hnms/english/index_html?

行程規劃

Step 1　做決定

收集資料做功課，決定要玩多久，停留哪幾個城市及小島，然後決定去回的時間。

Step 2　購買機票

根據出遊時間，越早留意機票訊息就越有機會買到便宜機票，可透過網路旅行社、一般旅行社或航空公司，找出適合的航班來購買飛希臘的機票，並利用方便比價的Priceline.com 等網站預訂機票。

希臘國內機票：從希臘本島到愛琴海小島的移動方式，可選擇廉價航空或國內線班機，例如愛琴航空（Aegean Airline）、奧林匹克航空（Olympic Airline）等。

Step 3　交通工具的選擇

除了首都雅典，其他城市的旅遊可以搭乘巴士或參加當地的旅行團，也可以租車自駕前往。在希臘本土旅遊，巴士比火車方便，希臘的火車路線不是很密集，主要行駛於雅典和北部的塞薩洛尼基，並未到達各個風景區，因此使用的機會較少。愛琴海的跳島之旅，可選擇從雅典的皮瑞斯港搭乘快船渡輪前往希臘小島，小島與小島之間則是以渡輪作為交通方式。

Step 4　決定行程路線

以此次行程為例子，從雅典開始，第二站是搭夜船前往克里特島，然後是聖托里尼島，接著是納克索斯島，再前往米克諾斯島。結束小島旅行，由米克諾斯島搭愛琴航空飛到塞薩洛尼基，在當地租車自駕前往梅特歐拉與佩拉。最後由塞薩洛尼基離開希臘。因為在夏季旅行，頂著大太陽在古蹟裡爬上爬下實在很曬，所以我選擇到希臘北方的城市塞薩洛尼基、佩拉，以及靠近北方的梅特歐拉。由於行程時間有限的關係，伯羅奔尼薩半島的科林斯（Corinth）、邁錫尼（Mycenae）、奧林匹亞（Olympia）等地，只好等以後有機會再造訪。

Step 5　預訂船票

希臘本島往返愛琴海各小島的航線，主要的港口為皮瑞斯（Piraeus）。從雅典的皮瑞斯港出發，夏季的觀光旺季船班相當多，冬季因氣候關係班次縮減，有些路線會停駛。船舶可分好幾種，船上設備與航行速度各有不同，同一航線但船公司不同，船票價格亦有差異。希臘的航海業興盛，大小航運公司很多，較知名的有 Minoan Lines（www.minoan.gr/en）、Hellenic Seaways（www.hellenicseaways.gr/index.php/en）、Anek Lines（booking.anek-superfast.com/html/onlinebooking.jsp）、Blue Star Ferries（domestic-web.bluestarferries.com/Default.aspx?AspxAutoDetectCookieSupport=1）、Seajet（www.seajets.gr/htm/default.aspx?cul=en）等。

船票分頭等艙及經濟艙座位，船上設施齊全，有餐廳、酒吧及商店等；航行時間長的船班可購買夜臥船票，大型渡船客房分幾種不同等級，價格按等級而有不同。購買船票可上網直接向船公司訂位，也可到雅典時再前往市中心的旅行社，或是直接到港口邊的船公司售票櫃檯購買。搭乘船班最好提早 1 小時到達港口。

往愛琴海小島的渡輪

Step 6　預約租車

　　在希臘旅行最方便的移動方式就是開車，因為景點與景點之間的巴士搭乘班次不多，往往需要耗費時間轉乘及等待巴士。租車時必須攜帶國際駕照及護照，可以信用卡付款。除了大型的租車公司，如 AVIS、HERTZ，也有一些小型的租車公司，想要租車可上網查詢及預訂，或是直接在機場的租車公司櫃檯洽詢。

・租車資訊：www.rentalcars.com

　　　　　　www.direntacar.gr/portal.php?action=homepage&language=en

Step 7　預訂旅館

　　自助旅行的預算是以當個吃苦耐勞的精省背包客為目標，或是想以較為寬鬆的預算來規劃，全視個人的選擇。除了購買機票、船票，住宿的價格也關係到預算多寡，可以考量住宿地點的便利性、景觀與設施、有無無線網路、是否含早餐、是否有接送，然後依據自己的需求做選擇。盡量選擇離觀光景點近的住宿地點，能節省不少交通的時間與費用。預訂旅館可以在背包客棧及貓頭鷹網站（Trip Advisor）上查詢。如果是在旺季期間到希臘旅遊，除了事先訂好機票，也最好預訂船票及住宿旅館。

Step 8　製作行程行事曆

　　綜合以上飛機、船班、租車及預訂旅館的資訊，製作成行事曆方便隨身攜帶。

飛往伊斯坦堡

藍黃教堂

行前準備

 護照

　　申辦護照必須前往外交部領事事務局辦理，亦可委託旅行社代辦。

申請所需文件：

・護照申請書一份、身分證正本與正反面影本一份、證件照片 2 張。

・費用 1,600 元

其他文件：

・未滿 20 歲者須附父母或監護人的身分證正本。

・男子 16～36 歲須持相關兵役證件。

・申請換發新護照者須附舊護照。

 旅遊快易通

★外交部領事事務局

地址：臺北市濟南路一段 2-2 號 3～5 樓

電話：（02）2343-2888

網址：www.boca.gov.tw

 簽證

　　自 2011 年 1 月 11 日起臺灣旅客享有歐盟免簽證待遇，持中華民國護照者，前往希臘觀光旅遊 90 天不需簽證（國人進入申根國家的停留期限為 6 個月內最多停留 90 天）。

備註：記得將證件備份，建議隨身準備證件影本及證件照片數張，放在行李箱或隨身背包，以備緊急狀況時使用。或者手機、相機也可以先拍照做備份。

機場

機票

臺灣沒有直飛雅典的班機，需轉機一次或一次以上，有許多國際航空班機可選擇，如泰航、土航、新航、卡達或阿聯酋航空等，各家提供不同轉機地點，像香港、曼谷、新加坡或杜拜等地轉機。機票價格與出發時間、轉機次數有關，若是以便利性為考量，阿聯酋提供不同進出點，可以雅典進，伊斯坦堡出；或是伊斯坦堡進，雅典出，這樣可以將兩國一起規劃成為一趟旅行。

船票

可直接向船公司訂位及購買船票。利用希臘渡輪（www.ferries.gr）的網站查詢，選擇本島與小島之間的航班，或是小島與小島之間的航班。

步驟如下：

1. 進入網頁後選擇國內航線（Click on "Domestic ferry routes" to search for Greek islands ferries）。
2. 點選單程、來回或多點的選項。
3. 選擇出發港口（例如皮瑞斯）和到達港口（例如克里特島的伊拉克里翁）、日期、人數，查出可選擇的船公司及航行船班，再分別查看所要的艙等（例如 2 人、3 人、4 人客房）。我選擇 4 人客房最便宜的是 59 歐元。如果要省錢，可選擇艙內座位，價格則是 29 歐元。
4. 接著填入個人資料，包括國籍、姓名、地址、電話、E-mail 等。
5. 選擇取票方式：船票可以寄送到府（郵資或快遞費另計），或是到船公司告知的取票地點，例如出發地港口的船公司櫃檯，或是雅典市區的船票代理旅行社去取票。

國際駕照

規劃在希臘租車自駕的人，出國前要向各縣市監理單位申請辦理國際駕照，需要準備駕駛執照正本、護照正本、身分證、2 吋證件照 2 張、申請書和費用 250 元。

國際學生證

申請人須 12 歲以上，教育部認可的各學校在校學生，或是上課達一定時數的該校學分班、進修班等學生。申辦地點可洽康文文教基金會，或是代辦機構飛達旅行社等，每年 9 月換卡，可使用至次年 12 月 31 日。

申請所需文件：

· 2 吋照片 1 張、學生證、就讀學校英文名稱。
· 費用 300 元。

旅遊快易通

★康文文教基金會
地址：臺北市忠孝東路四段 142 號 5 樓 504 室
電話：（02）8773-1333
網址：www.travel943.org.tw

金融卡／信用卡

持銀行金融卡將海外跨行提款的功能啟用後，可在旅遊地提領現金，須付手續費。大部分的國際信用卡在希臘各地都能使用，旅行時可攜帶幾張信用卡，用於較大金額的支出，例如機票或飯店住宿等，避免攜帶大量現金。海外使用信用卡消費須加收約 1 ～ 2% 的手續費。

旅行支票

可至銀行（例如雅典憲法廣場的 National Bank of Greece）兌換現金，須付手續費，且出示本人護照。銀行營業時間周一至周四 08:00 ～ 14:30，周五 08:00 ～ 14:00，周六、周日及國定假日不營業。

現金與匯兌

出入境臺灣的旅客可攜帶的現金，以新臺幣 60,000 元，外幣等值 10,000 美元的金額為限。出國前可先到外匯指定銀行兌換歐元，最好將一張大鈔換成一些小鈔方便使用。在希臘若是需要兌換現金，一般來說機場的匯率比銀行差，在飯店兌換匯率最差。

行李打包

行李箱可裝衣物、盥洗用具與民生用品，相機及護照、機票等重要文件與重要證件的影印備份分別放在隨身攜帶的背包及行李箱裡。大額的鈔票建議放在貼身的隱藏式包包，或是可以鎖的背包內袋裡。

行李清單：

☐ **證件**：護照／國際駕照／信用卡／機票／旅館訂房紀錄／租車預定紀錄（正本與影本分開放，可另外利用電子信箱備分）／證件照 2 張

☐ **現金**

☐ **電子用品**：相機／記憶卡／電池與充電器／轉接插頭與變壓器／手機與充電器／筆電與充電器

☐ **藥品**：感冒藥／腸胃藥／ OK 繃等外傷藥膏／個人藥品

☐ **盥洗用品和保養品**：牙刷及牙膏／防曬乳／護唇膏／護膚乳／指甲刀／洗衣粉／個人保養品

□日用品：換洗衣物／帽子／拖鞋／針線包／折傘或雨衣／水果刀（須托運，不能放登機箱或隨身背包裡）

 托運行李的限制

一般經濟艙歐洲航線旅客的托運行李限制為每人 20 公斤以內。登機的隨身行李限重 7 公斤，長寬高不得超過 56×36×23 公分。液態類保養品需裝在 100 毫升以內的容器，並放入夾鏈袋中，總容量須少於 1 公升。

急難救助

駐希臘臺北代表處 Taipei Representative Office in Greece

- 地址：57, Marathonodromon Avenue, 15452 Paleo Psychico
- 電話：（30-210）6776750
- E-mail：taipeigreece@gmailcom
- 急難救助電話：（30）6932228617（專供緊急求助之用，非急難重大事件請勿撥打）

雅典地鐵站

PART 2
我的
希臘廚房

希臘，我來了！

飛機停在杜拜機場，天空灰濛濛的，這個沙漠中的城市看起來如海市蜃樓那般矗立著，轉機的短暫停留與她擦身而過，只留下驚鴻一瞥的印象。

當飛機越過愛琴海的天空，眼前出現藍色海洋中羅列著無數的小島，我驚喜地瞧見，認出一個新月形，那是聖托里尼島，她的雙臂伸展出一個美麗的弧形，像在擁抱駛入港灣的點點船隻。海上的島嶼像優游的魚群，不知道三千年前的悠遠時光裡，眾神的愛恨情仇是否依舊在巨岩上喧囂？神話依舊流傳，那些古老的故事在不斷更迭的時空裡，仍然一段一段地上演著，傳唱至今仍未褪色。

午後的雅典，空氣中帶著一點涼爽的氣息，讓人神清氣爽，忘了盛夏惱人的熱度。這裡是旅程的起點，又是一次即將展開的心靈與視野拓展，一趟人文歷史的文化洗禮。對每一回的旅行而言，極有可能是一生僅有的一回，以前的我，出國總是努力向前行，好不容易來了，每個景點都不想放過，每一種獨特別致的特產都想帶回家，最好是把吃飯的時間和金錢都省下來，所以，我向來只想當個省吃儉用的背包客。

現在的我，願意把腳步放慢，不急著猛按快門搶鏡頭，先好好感受當下的美好片刻，旅行對我來說最重要的已不是記錄風景名勝，而是去體驗，並且找到可以讓自己內心感動的方式。就像攝影家張雍說的：「旅行就像談戀愛，要有充裕的時間才能好好認識彼此。」

旅行可以有許多種方式，一般若是以快遊的方式旅行，可能因為時間有限的關係，行程安排多半會很緊湊，通常需要趕行程，參觀景點的時間也很有限，就算所有景點都有導覽人員解說，飲食、住宿事先有了妥當的安排，往往還是缺少了當地生活方面的體驗。而快食，常常也是旅人在異國旅遊時的選擇，可能為了省時或省錢，這樣往往會錯過品嘗道地飲食滋味的樂趣。當人在他鄉時，除非住宿之處有廚房，不然三餐通常老是在外，作為「老外」，一日三餐要怎麼解決呢？要如何尋找在地美味呢？

食物與料理是了解當地人生活方式與歷史面貌的有趣方式，每個民族，每個國家各有其飲食文化，飲食的方式與特色甚至反映了他們的人生

我的希臘廚房

希臘料理課　　　　　　　　　　　　　　　　　　　　親切的老師

態度。飲食的美妙滋味可以讓人回味無窮，記憶深刻，在旅行時品嘗異國料理的味道，很可能也是一種深刻記憶這個城市的方式。

　　上一堂異國料理課，就是讓當地人帶你去領略在地的滋味，重點不是吃大餐，而是享受吃的過程。我們當然可以選擇花錢上高級餐廳好好享受一頓美食，但差別在於食物與人有沒有一種親密的聯結。料理不單單是一種消費品，同樣是吃，食物成為催化彼此情誼的重要媒介，料理課裡的互動，與來自世界各地、四面八方的旅人交換彼此對食物，對文化的不同感受，雖然大家初相見，食物與人卻能夠產生美好的氛圍，迅速化解彼此的陌生。

　　話說回來，上料理課的想法是我的，期待上課的人也是我，但是身為資深廚娘的我，平日在廚房裡出生入死，刀裡來火裡去，日日為家人彈精竭慮，幾乎全年無休，卻卡在信心不足，生怕英語不夠輪轉，一直遲遲提不起勇氣報名參加，我這個害羞的「肉腳媽」於是死纏爛打，極力遊說與爸媽同行且英語流利的女兒（獅子妹）當個現代花木蘭代母出征，我出錢，她出力，二人同心，其利斷金，不是嗎？還好她爽快答應，於是在線上報了名，就等隔天上課。

根據老師寄來的 E-mail 訊息，依約定是在 Flea Market 入口旁的某咖啡店門口集合，我們母女及老爸三人照著「孤狗」（Google）的指示，一路漫步前行到達目的地，左顧右盼外加繞圈子，就是沒能找到 E-mail 裡提及的咖啡店，問路問半天也沒能找到，此時不容遲疑，只能跳上計程車，快馬加鞭直奔那個集合點。說真的，這種時候計程車小黃是不是要比「孤狗」可靠呀！

我們由一位年輕人（他是餐廳的服務生）帶路，走到不遠處一個巷子內的某家餐廳，一進餐廳，老師立刻出來親切的招呼大家，三位來自澳洲的大學生是這堂料理課的同學，一個高大帥氣的男生與兩位清秀美女結伴旅行，他們是兄妹與朋友，一起參加料

第一次上料理課的獅子妹

理課。上課地點是雅典一家頗有歷史的餐廳，這家餐廳的布置十分素雅，長長短短的綠色藤蔓從屋頂垂掛下來，很有田園風，燈光柔和的映照在室內，讓人覺得舒服自在，我與先生決定就留下來在餐廳用晚餐，老師也大方表示歡迎我在一旁觀摩。在老師親切又熱誠的解說下，輕鬆地展開希臘傳統美食的體驗，長長的餐桌上擺著多種顏色繽紛、鮮豔欲滴的蔬果，每種食材透過親手去觸摸，仔細去製作，在談天說笑之間變化成一道道的美食；風趣又認真的老師就像一位熱情的女主人，不斷地招呼客人們品嘗她的拿手菜，我們像在希臘朋友家作客一樣，感受到無比的歡樂氣氛與愉悅。

老師說起她父母親那一輩人的飲食習慣，傳統上因為宗教信仰的緣故，齋戒期間為達成宗教的潔淨，必須控制某些食物的攝取量，像是禁食肉類與動物製品。再一方面也是生活環境的關係，希臘一直到 20 世紀中葉，還是以蔬食為主，多山之國沒有非常廣大的牧地，無法提供很多肉類，以前只有在節慶時才會準備肉類料理，平日很少吃肉，後來因國家較富裕了，進口較多肉類，肉類料理才成為餐桌上的佳餚。這讓我想到我們祖父母及父母那代的人，在那個資源有限、省吃儉用的年代，除了過年過節是大魚大肉，平日也都是粗茶淡飯。看看現代人提倡的養生飲食，似乎就是要回歸這樣的概念來保持健康，而希臘的料理中有許多蔬食，剛好很合乎健康養生。

餐桌上的美味風景

　　食物吃進嘴裡，不單只是享受它的味道而已，所有的食材在變成一道道美味料理前都是種植於土地裡，經過陽光撫育、雨水滋潤與時間養成，它在田園裡就是一種風景，經過料理的過程變身為餐桌上的一幅風景畫，展現出大自然的多樣色彩與當地風土人情的特色，當我們品嘗它們的滋味時，不妨就這樣想像著、品味著，抱持如同欣賞美妙名畫的那般心情。

田園風的餐廳

各種香料

希臘沙拉

　　料理課首先上場的是希臘沙拉 Horiatiki，這是最具代表性的食物，切片的番茄、小黃瓜，以及紫洋蔥絲、青椒絲，加上一點醃漬的橄欖，上頭是一大塊像豆腐般細白柔軟的 Feta 起士，這種口感細膩、顏色潔白的希臘乳

希臘沙拉

酪是用羊乳製作而成，加上胡椒、鹽、奧勒岡香料及橄欖油來調味即可。這一道簡簡單單的沙拉，有著美麗的顏色與鮮甜的滋味，無論是豔紅的番茄、翠綠的小黃瓜，或是紫色的洋蔥絲與鹹香的白乳酪，都在脣齒之間釋放出爽脆香甜的滋味。

　　西式料理中經常出現的洋蔥，通常是居於配角地位，但常常也是隱身在料理中擔任相當重要任務的幕後功臣。希臘沙拉裡的紫洋蔥沒有嗆辣味，只有一股清甜味，與番茄、小黃瓜平分秋色，說真的，還有什麼比它們更適合出現在南歐希臘的餐桌上呢？以往女兒不愛洋蔥，在嘗過這道沙拉後，對洋蔥的印象已大大改觀。

蒜味黃瓜優格醬

　　Tzatziki 蒜味黃瓜優格醬，潔白的希臘優格裡拌著細細的黃瓜，以大蒜、蒔蘿再加上橄欖油與酒醋去調味，最適合搭配麵包來吃，這道優格醬也是希臘的國民料理。在臺灣，優格我們當甜點吃，在希臘優格是做成料理當正餐吃。橄欖油與優格是希臘料理的靈魂，那種隱約的香氣與簡單的味道，更能透露出食材的純粹與天然滋味。

茄子沙拉

　　Melitzanosalata 是茄子沙拉，或者說茄子泥，用烤過且去皮的茄子與煮熟的馬鈴薯打成泥，以橄欖油、胡椒及鹽調味，比較特別的是還要加上檸檬汁，盛在盤裡後，再撒上切碎的巴西利香菜葉。近來有報導指出茄子富含維生素 P，可降低膽固醇；而檸檬含豐富的有機酸，有殺菌作用，且含大量維生素 C 和檸檬酸，可增強抵抗力，那麼這道菜確實非常養生。

茄子沙拉與黃瓜優格

🌾 茄子酥派

茄子酥派

　　Mpourekakia 是一種外酥內香的迷你派，形狀像個餃子，尺寸則比餃子大一號。它是用奶油、優格和麵粉，加上少許鹽、糖等材料揉製而成的麵團，做成扁薄的外皮；內餡則是以烤過且去皮的茄子搗成泥，與兩種不同的乳酪混合；包好之後的派刷上蛋液，撒上黑芝麻或黑胡椒，經過烘烤就是好吃的茄子乳酪派。在臺灣，這種形狀的鹹派我們通常叫○○餃，像咖哩餃、蝦餃，或是叉燒酥之類，雖然我們也吃茄子，但是沒有茄子當內餡的餃子。

　　希臘的鹹派還有以菠菜與乳酪做成的千層派，如果看過《我的希臘婚禮》這部電影，就會知道劇中出現的一道菠菜乳酪派 Spanakopita，這種派是以 Fillo 薄餅皮包捲做成三角形的千層派。除了這種菠菜乳酪派，還有茴香鮭魚派，土耳其最有名的甜點 Baklava 也是千層派。千層派以薄餅皮一層層刷上奶油，層層相疊後包入餡料，口味有鹹有甜，鹹的多半是放乳酪和蔬菜作為餡料；甜的則是放水果乾和開心果等核果類作為餡料，烤好後會淋上蜂蜜或糖漿，像土耳其的千層甜派有的是浸泡在蜂蜜或糖漿裡，甜度更是驚人。跟我們一樣重視傳統的希臘人，把食物視為一家人及親朋好友之間聯繫情感與共享快樂的重要媒介，用滿滿一桌的菜餚來代表愛，以豐盛的料理說明生活的美好。

🌾 葡萄葉捲

　　Dolmadakia with vine leaves（gialantzi）是很具代表性的前菜，在希臘或土耳其都是常見的食物，葡萄葉包捲的餡料是以炒香並略為煮過的洋蔥與米，拌入香料後，用鹽與胡椒調味，捲好經過烹煮再放涼。它可以熱食，也可以冷吃，通常搭配優格醬食用。另一種方式是煮餡料時可以加絞肉，做成葷食，搭配檸檬汁來吃，而非優格醬。

葡萄葉捲

　　這類以葡萄葉包捲、番茄填塞餡料，或是酥派料理，都有加肉的、沒加肉的兩種版本。這道菜會讓人想到日式關東煮的高麗菜捲，兩者頗有異曲同工之妙。不同的國度與民族，各有各的食材與配料，烹調的手法或許相似，卻有不同的滋味。古代希臘人就已種植橄欖樹與葡萄，善用葡萄葉來料理食物則是生活的智慧，就像我們利用醃過的蘿蔔葉來做菜，將吃剩的西瓜白部分再利用，都是人類在資源有限的年代，惜物愛物的美德，同時更是如點石成金那般化平凡為美味的手法。

燉烤羊肉

主菜是羊肉

　　壓軸的主菜是燉羊肉 Lamb in Hull，以鹽、胡椒、大蒜、橄欖油、白酒與月桂葉、迷迭香等香料，淋了些許檸檬汁，來為羊腿肉按摩，再搭配馬鈴薯，經過慢火燉烤而成，這道菜香氣四溢，味道極好。很多人不吃羊肉是因為怕羶味，這道羊肉料理完全沒有，讓人吃得很開心。

燉烤羊肉

　　好酒好食就是好話題，很快地融化了彼此的陌生，溫暖了人心。餐桌上的佳餚在舌尖上舞出曼妙的滋味，甜美的葡萄酒在齒頰間綻放芳香，雖然我與先生已向餐廳點了三道菜作為晚餐，但是老師仍細心地將料理課的美食分享給我們品嘗，離開餐廳時，手上帶著老師給的茄子鹹派，我既驚喜又開心，她對我們說：「希臘人把認識的人當朋友，很難視為純粹的生意。」我的確體會到這樣的熱情與好客，作為這一堂料理課的隨班附讀生，我體驗了希臘風景之外的人情味。

老師送我的酥派

　　這是不同於以往的旅行經驗，我收集的不只是個人的城市印象與美麗風光，透過做料理的體驗與人的互動，讓我的旅行更豐富。

美食小檔案

★雅典料理課資訊

網址：www.athenswalkingtours.gr/Cooking-Lessons

★ Klimataria Taverna

地址：2, Theatrou sq. 105 52 Athens

電話：+30 210-3216629

網址：www.klimataria.gr

蔬菜派

PART 3

希臘旅行
尋味筆記

神話的國度

雅典市區的教堂

　　希臘，給人的印象就是藍天與陽光，還有説不完的神話故事。

　　不管是古典的衛城，或是神殿裡傾頹的石柱；湛藍的海水與小島，或是寧靜山村裡的彎曲小巷弄，都讓人有置身在畫中的感覺。

　　希臘是西方文明的搖籃，西元前 2200 年歐洲最古老的克里特島米諾安文明，影響整個愛琴海地區，牛頭人身妖怪的迷宮傳奇與克諾索斯宮殿遺跡，至今依然引人入勝。米諾安文明衰微後，邁錫尼文明繼起代之，荷馬的《伊里亞德》描述阿迦曼農國王的權勢，最輝煌時期是遍地黃金。之後西北邊來了入侵者，開啟一段黑暗時代，城邦之間的戰爭不斷，逐漸分崩離析，直到亞歷山大大帝改變了希臘的疆界。然而，很快的羅馬人來了，當君士坦丁大帝將首都遷至君士坦丁堡，拜占庭也就取代了羅馬帝國。15 世紀之後，來自中亞的游牧部族鄂圖曼土耳其人成為希臘的新主人，經過漫長的四百年，歷盡滄桑的希臘終於獨立，邁入近代。

教堂內部

★機場至市區的交通

由新雅典國際機場（艾雷夫瑟里歐斯‧威尼塞羅機場）到市區，最便宜、也最方便的方式是搭乘巴士，95 號巴士前往雅典市中心的憲法廣場，大約 20 ～ 30 分鐘一班，車程約 50 ～ 60 分鐘，24 小時營運。另一種選擇是搭乘地鐵 3 號線，從機場到達市中心的憲法廣場站，每 30 分鐘一班，車程約 35 分鐘，營運時間 05:30 ～ 24:00。

★雅典市區交通

大眾交通工具地鐵、巴士、電車可共用同一種票，市區單程每趟是 1.4 歐元，在 90 分鐘內可轉乘所有大眾交通工具。單次使用 90 分鐘內巴士、電車券，不可轉乘，票價是 1.2 歐元。另有一日票券 4 歐元，一周票券 14 歐元。這些票券均不含機場往返路線的搭乘。

車票可在售票口或書報攤購買，司機不賣票，上車或進入地鐵站後要自行到刷票機刷票，以免被罰高額的逃票罰款。

地鐵是最方便的交通工具，雅典地鐵有綠色（1 號）線、紅色（2 號）線、藍色（3 號）線，多數景點都可搭地鐵到達，由機場到雅典的 3 號線遊客最常使用。

地鐵路線圖、時刻表資訊，網址：www.amel.gr

雅典娜守護的城市
——雅典

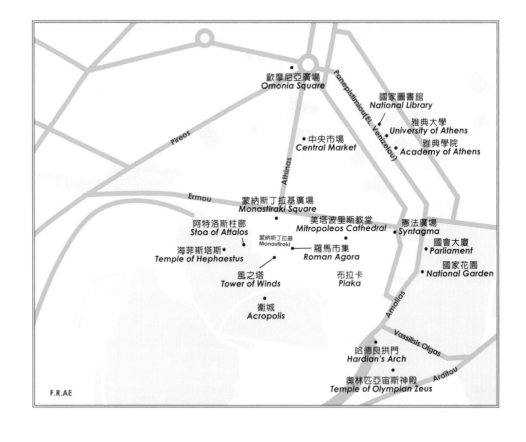

歐摩尼亞廣場
Omonia Square

Panepistimiou(El. Venizelou)

國家圖書館
National Library

雅典大學
University of Athens

雅典學院
Academy of Athens

Pireos

中央市場
Central Market

Athinas

Ermou

蒙納斯丁拉基廣場
Monastiraki Square

美塔波里斯教堂
Mitropoleos Cathedral

憲法廣場
Syntagma

阿特洛斯柱廊
Stoa of Attalos

蒙納斯丁拉基
Monastiraki

羅馬市集
Roman Agora

國會大廈
Parliament

海菲斯塔斯
Temple of Hephaestus

布拉卡
Plaka

國家花園
National Garden

風之塔
Tower of Winds

衛城
Acropolis

Amalias

Vassilisis Olgas

哈德良拱門
Hardian's Arch

Arditou

奧林匹亞宙斯神殿
Temple of Olympian Zeus

F.R.AE

憲法廣場

衛兵交接

　　藍天下的衛城高高盤踞於巨岩之上，遠方就是港口，海天一色，整個雅典就在衛城山腳下延伸開來，一直到周圍的山邊。希臘神話中，海神波塞頓（Poseidon）與智慧女神雅典娜（Athena）為了當這座城市的守護神互相競爭，最後由給予人民橄欖樹的雅典娜贏得勝利，因而城市取名為雅典。

　　又名憲法廣場的辛塔格瑪廣場（Syntagma Square），是市中心的重要地標，周圍是政府機關所在，銀行、商店與高級飯店林立，港口與機場往來的交通都從這裡出發，可說是雅典市區的交通樞紐。

　　從廣場噴泉看過去，對面那棟仿古典的淺黃色建築是國會大廈，正面豎立著一塊無名戰士紀念碑，紀念 1821 年反抗土耳其統治的獨立戰爭陣亡戰士。然而大多數的遊客會站在這裡等候，眼光被身著米黃色短褶裙，腳上穿綴有大絨球鞋子，扛著槍的士兵所吸引，一到整點，他們就開始動了，那誇張有趣、緩慢踢著正步的樣子一點也不威武，比較像故事書裡放大的娃娃兵，或者像音樂盒上的木偶正隨著旋律而轉動呢！

　　在國會大廈後方，有一片綠意盎然的國家花園，最初是希臘王后阿瑪麗亞所設計的植物園，現在則是雅典居民休憩遊玩的好去處。位在國家花園南邊有一棟新古典主義形式的建築占皮歐（Zappeion），外觀有科林斯式列柱，內部為愛奧尼亞式列柱的廊柱，目前作為國際展覽會館。從這裡的南側出口往南走，可以前往位於附近的競技場。

占皮歐

國家花園

俯瞰雅典

雅典娜雕像

雅典學院

　　面向國會大廈左方的大道往前走，在帕尼皮斯提米歐（Panepistimiou）大道上可以看到三座古典建築，雅典學院、雅典大學與國家圖書館比鄰而立，它們被稱為新古典主義「三胞胎」，都是仿希臘古典時期的建築。雅典學院外觀像衛城的神殿那樣，列柱支撐著建築主體，正門口上方、屋頂下的山牆是優美的浮雕，雕刻著雅典娜誕生的故事。雅典娜為宙斯（Zeus）之女，據說是從父親的頭上出生，她是一位頭戴戰盔、手持長矛，以智慧取勝的女戰神。大門前的石柱上分別聳立著手持弓盾、身穿戰袍的智慧女神雅典娜，以及手持七弦琴的太陽神阿波羅（Apollo）雕像，階梯旁分別坐著古希臘哲學家柏拉圖（Plato）與蘇格拉底（Socrates），整座建築顯出雄偉氣勢及典雅風格。擁有愛奧尼亞式柱的雅典大學，是仿自雅典衛城的前門，國家圖書館擁有兩座優美的

雅典大學

1

國家圖書館

2

1.2 宗教用品一條街

弧形階梯，其建築形式取法古市集阿哥拉（Agora）的海菲斯塔斯神殿。這些形式與風格總讓人覺得相當熟悉，因為在我們居住的現代城市裡，依舊以它來標示高貴的格調與優雅的象徵。

　　憲法廣場前的 Ermou 街是雅典的名店街，沿著這條路逛下去也有一些年輕人喜愛的平價服飾店。雅典的庶民生活聚集在城市的另一個角落，蒙納斯丁拉基（Monastiraki）廣場一帶和歐摩尼亞（Omonia）廣場附近是現代的、平民的生活場所。

　　所有來到雅典的人都不會錯過、也不想錯過的就是雅典的衛城（Acropolis）。座落於 70 公尺高的山丘上，衛城無疑成為雅典的地標，古代城邦的神殿、古市集遺址，與眼前的現代街道樓房，新舊交錯的風景勾勒出雅典與眾不同的城市個性。

閃耀永恆榮光的衛城

在希臘語中 Akro 是高地的意思，Polis 則是指城邦，衛城就是「高地的城邦」之意。雅典的衛城見證了希臘古文明的輝煌，它是西元前 5 世紀時，雅典居民為祭祀雅典娜女神而興建的神殿，歷經戰火摧毀後重建再生，衛城除了作為祭祀的聖地，也兼有政治、公共場所及防禦要塞的功用。

從衛城入口開始，沿著坡道往上走，時空就進入了古文明之境，位於南坡、希臘最古老的劇場戴奧尼索斯劇場（Theatre of Dionysos），最早於西元前 600 年時是舉行宗教儀式與崇拜神祇之處，後來才逐漸擴建成可容納一萬五千人的大劇場。酒神戴奧尼索斯也是戲劇之神，他是種植葡萄與釀酒的守護神，古希臘人每年都會在此舉行酒神之祭典。遊客來到這裡，除了感受劇場的壯觀，也會留意最前排的貴族區座位及其後的國王與王后座位，引人聯想昔日輝煌一時的情景。沿路往前，會見到至今仍然是夏季慶典與藝文活動表演場地的海羅德斯阿提卡音樂廳（Odeon of Herodes Atticus），它興建於西元 161 年，是當時的富豪、演說家及哲學家海羅德斯捐贈給雅典的禮物，用來紀念其過世的妻子。這座音樂廳可容納約五千名觀眾，當初全部座位以大理石打造，現在所見是經過整修的樣貌，但舞臺後方 28 公尺的高牆卻保存良好，這座音樂廳依然美麗，只是時光已悄悄地將大理石座椅上的古人換成今人。

戴奧尼索斯劇場

遠眺衛城

海羅德斯阿提卡音樂廳

山門

巴特農神殿

伊瑞克提翁神殿

　　山門是衛城的主要入口，它的宏偉廊柱讓人肅然起敬。旁邊是雅典娜勝利神廟，藏在神廟裡的悲劇是──傳說一位雅典國王看見一艘升起黑帆的船駛入港內時，悲傷得在此自殺了。原來國王的兒子答應，若是成功殺死克里特島上的怪物米諾陶爾（Minotaur），就會升起白帆歸來，但他卻忘記此事，因此在阿克波里斯山丘上，天天等候著兒子歸來的父親，好不容易盼到了歸來的船，卻看到代表遭遇不幸的黑帆，以為愛子已死，於是鑄成悲劇。

　　廊柱林立的巴特農神殿（Parthenon）象徵了城邦的榮光，這座祭祀雅典守護神雅典娜的神殿從西元前 447 年開始建造，花了十一年才完成，以宏偉的多立克式柱與優美的愛奧尼克式柱呈現建築設計之力與美，其建築的結構及比例都經過精密的計算與設計來達到視覺上的完美，可說是現代建築的完美典範。神殿外的山牆上雕刻著神話故事，周圍的壁面上則雕刻著特洛伊等古代的歷史故事。神殿內部原有一座高達 12 公尺，以象牙及青銅打造、黃金裝飾的雅典娜神像，但在戰亂中毀於大火（雅典的考古博物館內收藏有縮小版複製品）。

　　位於東北側的伊瑞克提翁神殿（Erechtheion）興建於西元前 421 年，為了獻給雅典娜與海神波塞頓，這座神殿最吸引人注目的是西側少女門廊的美麗雕像，柔美的曲線取代了圓柱剛硬的直線，以雕像的動態感結合了靜態的列柱，兩千五百多年來在藍

巴特農神殿

海菲斯塔斯神殿

天下展露著莊嚴美麗的姿態，頭上頂著花籃的少女溫婉的容貌與神情，甚至衣服的皺褶都還是清晰可見（現在所見的是複製品，真跡保存在新衛城博物館，其中一座則在大英博物館）。

　　歷史的更迭之中，衛城的神殿曾經被入侵者改為教堂或清真寺，甚至後來被戰火砲轟毀損，幾經蒙塵，在不斷修復的過程，終於逐漸恢復原來面貌。

旅遊快易通

★衛城

交通：搭地鐵紅色（2 號）線在 Acropolis 站下。

開放時間：08:00 ～ 17:00

票價：12 歐元、憑國際學生證 6 歐元（雅典遺跡套票，除了衛城，還可參觀古市集、羅馬市集、哈德良圖書館及奧林匹亞宙斯神殿、凱拉克斯遺址）。

免費入場日：每月的第一個周日（4 月至 10 月除外）、1 月 6 日、4 月 18 日、5 月 18 日、6 月 5 日、10 月 28 日等，詳情請上網查詢（odysseus.culture.gr/h/3/eh351.jsp?obj_id=2384）。

古市集阿哥拉與羅馬市集遺跡

　　位於衛城山腳下的古市集（Agora），早在西元前 6 世紀就已發展形成，古市集是市場的意思，它是古希臘人生活的重心，除了商業功能，還兼具政治、宗教、文化的功能，亦是民主思想的發源地。此區相當遼闊，有神殿、古老教堂、體育館與阿特洛斯廊柱等建築，昔時的繁榮興盛今天看起來卻像是一片廢墟。站在僅存的部分殘跡裡，想像著哲學家蘇格拉底、柏拉圖在這裡與人討論哲學或演說的景況，而一般市民則聚集在這裡交換新聞、高談闊論或聊是非談八卦，此刻頗有一種穿越時空與古人相會的奇妙感覺。然而蘇格拉底為了真理連命都丟了，看在現代人眼裡總覺得這樣似乎有點「輸嘎漏底」（閩南語），太不划算了！他要是活在現代，一定可以用臉書串連群眾來一場「太陽花」運動。

　　整個古市集遺跡裡，唯一被完整修復的古蹟是阿特洛斯柱廊（Stoa of Attalos），

古羅馬市集

古市集裡的教堂

古市集裡的水泉

它原是西元前 2 世紀的購物中心，經過整修後已重現當時的樣貌，現在則作為博物館，展示遺跡裡發現的許多出土文物。從博物館往前走，可以看到側面有一座保存得非常完好的神殿位於山丘上，那是與衛城的巴特農神殿同時期建造的海菲斯塔斯神殿（Temple of Hephaestus），興建於西元前 449 年，建造時間比巴特農神殿早了兩年，是保存最完整、也是最古老的神殿。

距離古希臘市集不遠的古羅馬市集（Roman Agora）建於西元前 1 世紀，取代了古希臘市集成為當時市民的集會場所及市場，遺址入口有四根大理石柱的雅典娜之門，是當時市民為獻給城市的守護神雅典娜所興建，其餘的遺跡多數已殘破不堪。這裡曾是當時最熱鬧的地方，旁邊有座兼具鐘塔與風向塔功能的八角形塔樓（Tower of Winds），可為市民提供時間與風向的訊息，塔的每一面都雕有一位風神，每個手上提著不同器具，內部則有由水帶動的水鐘。可惜前往時正在維修，整個被鷹架遮蓋起來，不容易看到各方位上的浮雕，只有夕陽映照的餘暉給了它些許微弱的光彩。

阿特洛斯柱廊

古市集博物館

阿特洛斯柱廊
的雕像

風塔

哈德良圖書館

哈德良圖書館

　　西元 132 年時，哈德良皇帝下令於衛城北側興建一座古羅馬建築傳統風格的百柱圖書館（Hadrian's Library），占地面積不小，四周有高大的圍牆，內部中庭有廊柱環繞。它曾是雅典最大的公共建築，在西元 267 年被入侵者嚴重破壞，雖然西元 5 世紀時曾經修復，但現在可見到保留較完整的只剩下聳立著科林斯式柱的一片入門處牆面。它的位置就在 Monastiraki 地鐵站旁邊。

利卡維托斯山丘上的夕陽

　　雅典城市裡有著起起伏伏的地形，街道時常是上坡又下坡的，搭計程車（三個人搭計程車是划算的）去利卡維托斯山丘（Lykavittos Hill）時，感覺明明還在市區裡，車子怎麼就突然駛向山壁，然後蜿蜒盤旋上山頂。登高望遠賞夕陽，除了有計程車或纜車上山，山腳下也有通往山頂的階梯，愛爬山、夠厲害的就來趟健走吧！

利卡維托斯山丘上的教堂

旅遊快易通

　　到利卡維托斯山可搭地鐵藍色（3 號）線到 Evangelismos 站，沿 Ploutarhou 路往山頂走約 15 分鐘可抵纜車站。從憲法廣場搭計程車去利卡維托斯山頂，車資約 12 歐元。

　　在一片白色的房屋中，利卡維托斯山丘顯得特別突出，與衛城兩相對望。海拔 273 公尺的山丘頂端像是一塊巨大的岩石，它有個與雅典娜相關的傳說，希臘神話裡記載巨岩是雅典娜從科林斯灣的小島上搬移過來，當她忙著建造衛城時，把養在箱子裡的兒子託給雅典國王的三個女兒照顧，三姐妹因好奇打開箱子，就解除了孩子可以擁有不死之軀的魔法，消息傳到雅典娜耳中，因為震驚而從手上滑落的岩石，就是今日的利卡維托斯山丘。

　　山頂上有一座白色教堂，是眺望城市景觀及觀賞夕陽最佳地點，站在這裡放眼望去一片白色的房子及黛綠的遠山，陽光照著衛城及四周，好像為雅典鍍上一層金色的光采，視線延伸到更遠處是西南邊的皮瑞斯港，港灣平靜無波，海天一色。山丘上有餐廳與咖啡館，黃昏時有不少遊客前來用餐與賞景，是山頂最熱鬧的時刻。

哈德良拱門與奧林匹亞宙斯神殿

　　從憲法廣場沿著 Amalias 街往前走，可以看到哈德良拱門（Hadrian's Arch）豎立在車水馬龍的道路邊，西元 2 世紀時熱愛古希臘文化的羅馬皇帝哈德良，建造了這座高約 18 公尺、寬約 14 公尺的拱門，作為古城與新城的交界處地標。

　　鄰近的奧林匹亞宙斯神殿（Temple of Olympian Zeus），是西元前 520 年時雅典的統治者為了要獻給眾神之王宙斯所興建的神殿，但因工程浩大、資金不足與政權的更替而延宕，其後由哈德良在西元 131 年時完成。宙斯神殿曾是希臘規模最大的神殿，由 104 根高 17 公尺、直徑 1.7 公尺的科林斯式柱所構成，經過千年歲月，僅存 15 根圓柱。殘破的宙斯神殿或許讓人只能憑藉想像遙想當初它的不凡氣勢，神殿的背景正是高踞在山丘上的衛城，兩相呼應，顯現站在這裡的人如此渺小，物換星移，朝代更替，英雄豪傑都已隨時間灰飛煙滅，只留下偉大的建築見證過往的歷史。

奧林匹亞宙斯神殿

哈德良拱門

雅典競技場

　　從奧林匹亞宙斯神殿繼續往東走，來到 Vassilisis Olgas 路與 Arditou 路交叉口，旁邊就是雅典競技場（Panathenean Stadium）的所在。它最初的歷史是西元前 331 年，近代奧林匹克運動會是 1896 年舉行，之後每四年在世界各地舉辦。2004 年時奧林匹克運動會再度回到雅典競技場，重新整修後的橢圓形場地非常漂亮。

有趣的希臘文

雅典競技場

古希臘人重視運動競賽

城市的風味

衛城山腳下的舊市區布拉卡（Plaka）是遊客逛街的好去處，餐廳、酒吧、紀念品店與商店分布在巷弄之間，而拜占庭教堂、風塔、拱門與城牆遺跡也分布在點點蔥綠樹蔭之間。布拉卡這一帶可看見好幾個大大小小的教堂，美塔波里斯教堂是一座華麗的東正教堂，於 1842 年興建，希臘重要慶典會在這裡舉行。平常並不覺得它是信徒鼎盛的重要教堂，倒是我們在附近的街道穿梭走逛時發現，現代的高樓建築中間偶爾擠著一座狹小的教堂，人們經過時會走進去畫個十字行禮，點根蠟燭，然後再回到熱鬧的街上。

美塔波里斯東正教堂

來希臘，只要有興趣就有看不完的古蹟讓人去探索，那些傾頹蒼涼的石頭，或是斑駁的老建築，總能引人發思古之幽情。喜歡古文物的人，雅典有國家考古博物館、歷史博物館、國家美術館、傳統樂器博物館等為數眾多的博物館，各有豐富的收藏可供欣賞；想要了解飲食文化的人，就把腳步轉往歐摩尼亞廣場附近 Athinas 路上，有「雅典的廚房」之稱的中央市場。

巷弄中漫步

建於 1870 年的中央市場匯集了各種食材，生鮮肉類與海鮮攤位是在一棟大型建築裡，蔬菜水果等攤位則在對面的露天市場，熱情的攤販會賣力招呼你，五顏六色的蔬果負責勾起你的食慾，當季的水蜜桃與西洋梨皮薄又多汁，一顆顆紫紅色的新鮮無花果色澤飽滿成熟，至於一堆堆的醃漬橄欖與各式香腸，不同顏色或口味，種類繁多，令人目不暇給，街尾的小攤子老闆極力遊說我們嘗嘗他賣的烤肉丸子。走一趟中央市場，採買一點食物，體驗一下當地人的生活，是旅行的樂趣之一。

街道裡的小教堂

觀光小火車

另外，位在布拉卡區蒙納斯丁拉基（Monastiraki）地鐵站附近的跳蚤市場 Flea Market，有樂器行、書店、日用品店等，很有本地生活的氣息，廣場邊的水果攤上夏季的黃櫻桃真好吃，它在臺灣實在太高貴，小小一盒就要三百多塊臺幣，這裡的價錢大約一半左右，愛吃櫻桃的人千萬別錯過。

市區裡，景點與景點之間相距不算太遠，爬山走路成為遊覽這個城市最好的方式，來回之間總會轉進巷弄中，白天的溫度漸漸熱起來時，可以稍稍躲在陰影下。夜晚時，布拉卡區巷弄中的餐廳燈火通明，音樂與人聲未歇，十分熱鬧，蒙納斯丁拉基廣場上的街頭藝人在音樂聲中賣力表演，街道上流動的人群來來去去，山頂上的衛城打上燈光，天上與人間，眾神與眾人，在這裡，彷彿不曾老去。

中央市場

中央市場的攤位

修士上街

跳蚤市場

不可不知的古希臘建築三大柱頭

希臘的建築遺跡，雖然大部分是一片石頭堆與剩下的幾根柱子，看起來就像廢墟，但依然散發一股濃厚的古典氣質。來到希臘當然不能錯過欣賞建築之美，對於古人那麼用心設計的廊柱，也就不能不了解一下它的特色為何囉！

先來看看「多立克式柱」（Doric）：柱頭沒有裝飾，柱身多半有凹槽，沒有基座，這種柱子上細下粗，有視覺上的修正作用，使外觀看起來雄偉卻不沉重。例如雅典衛城的巴特農神殿。

再來看看「愛奧尼亞式」（Ionian）：柱頭是像羊角狀的渦形雕刻紋，柱身細長且有凹槽，有基座，外觀看起來較輕盈優雅。例如雅典衛城的伊瑞克提翁神殿。

還有一款是「科林斯式」（Corinthian）：柱頭以莨苕葉為造型，裝飾繁複的雕刻，是三種柱式中最晚期的形式。例如奧林匹亞宙斯神殿為其代表。

愛奧尼亞式柱

多力克式柱

柯林斯式柱

不可不知的希臘神話故事——金蘋果事件

古希臘神話源自於當時的人對自然與世界的觀察與理解，因為對大自然及命運的莫測及敬畏，所以透過想像與經歷數百年時間的口耳相傳，久而久之就誕生了許多神話故事。

眾神當中地位最高的，掌管天空與雷電風雨，無所不能的主宰之神是宙斯（Zeus），他雖偉大，但還是具有許多卑劣的性格。希拉（Hera）是天神宙斯的老婆，在希臘神話中是地位最崇高的女神，被視為婚姻與生育的守護神。他們倆育有火神赫菲斯托斯（Hephaistos）、戰神亞雷斯（Ares）等孩子，但宙斯的風流與花心讓善妒的希拉常常打翻醋罈子，她不能拿老公怎麼樣，只好跑去找老公的外遇對象麻煩，連小三生的孩子也不放過。作為一位神界的天后，希拉似乎也有不少煩惱，某一天，一顆金蘋果的出現，引發了一場女神間的較勁風波。

在人間英雄佩琉斯（Peleus）與海中女神忒提斯（Thetis）的婚宴上，被邀請的眾神都紛紛前來赴宴，但是管轄糾紛的女神厄里斯（Eris）沒被邀請，於是她就不請自來，一言不發地在宴席上留下一個金蘋果，上面刻著「獻給最美麗的女神」字樣。在場的眾神當中最美豔的三位女神，天后希拉、智慧女神雅典娜、愛神阿芙羅黛蒂（Aphrodite）捲入了這場紛爭，她們要求宙斯評判誰能獲得金蘋果，宙斯認為應該找一位英俊瀟灑的人間美男子來當評判較合適（想必是聰明的宙斯一點也不想得罪這三位女神），於是他們在信使之神荷米斯（Hermis）的帶路下找來特洛伊的帕里斯王子當仲裁。

希拉向帕里斯說：「只要你把金蘋果給我，我就給你世上的權利與財富。」雅典娜則說：「如果你把金蘋果給我，我就讓你得到戰爭中的所有榮耀與聲望。」阿芙羅黛蒂向他承諾：「如果你把金蘋果給我，我就讓你娶到全世界最美麗的女人當妻子。」結果呢？帕里斯把金蘋果交給了阿芙羅黛蒂，在阿芙羅黛蒂的幫助下，他得到了世上最美麗的女人海倫。美女與王子終成眷屬，這件事就如此完美結局了嗎？並沒有，這個金蘋果事件最後還間接導致了著名的特洛伊戰爭，看看布萊德彼特主演的電影《木馬屠城記》就知道下文了。

1 愛情與美貌的化身——阿芙羅黛蒂 2 阿芙羅黛蒂雕像

味蕾的旅行

雅典的早餐是咖啡牛奶與麵包，幾種起士、火腿、水煮蛋與水果，餐檯上還有濃郁滑口的優格與蜂蜜，餐廳在頂樓，可以邊吃早餐邊賞景，高踞於山丘上的衛城就在前方，一頓幸福早餐作為一天的開始，活力的來源在這裡，出發的起點也在這裡。

走路是認識一個城市最好的方式，因為速度慢，才能欣賞街頭的風景。在雅典，人們走路的速度緩慢，不時會看到警察總是兩三個站在一起講話；到銀行去兌換歐元，辦公的人也是慢條斯理。我們來到雅典兩天，步調也漸漸跟著變慢了。

活力的來源──早餐

國民美食 Gyros

甜點店

雅典街頭巷尾之間，最常見的食物就是希臘捲餅 Gyros，用一張 Q 軟有嚼勁的 pita 餅皮包捲著烤肉架上切下來香味四溢的肉片，加上番茄、洋蔥、黃瓜和薯條，淋上調味的優格醬，肉片的選擇有雞肉、豬肉或羊肉，吃起來軟嫩多汁，還帶著香脆的口感，說它是最受歡迎且物美價廉的街頭美食一點也不為過。

什麼甜點是雅典在地人最推薦的？我的料理課老師推薦了一道經典甜點，它就是味道香濃、外酥內軟的甜派 BOUGATSA（sweet cream pie），烤得酥酥脆脆的外皮裹著軟滑濃郁的卡士達口味內餡，看起來不華麗、也不花俏，但確實是一道好吃的點心，最適合搭配紅茶。走累了，點一份甜派，正好可以坐下來歇歇腳，補充體力。

料理老師推薦的甜點

甜點名稱看板

歇歇腳喝杯茶

★ BOUGATSADIKO

地址：1 Iroon square

電話：+30 210-3222088

★ Astor Hotel

　　位在憲法廣場附近，交通很方便。

地址：16,Karageorgi Servias,Athens, 10562

電話：+30 210-3351000

網址：www.astorhotel.gr/index_eng.html

‧從雅典機場到皮瑞斯（Piraeus）港，可搭 96 號巴士。

‧從雅典市中心到皮瑞斯港，可搭地鐵綠色（1 號）線，車程約 25 分鐘。從車站走到搭船地點約需 20 ～ 35 分鐘。港口很大，不同的船公司在不同的碼頭搭船，購買船票時要確認船公司名稱、開船日期與時間、出發的港口名稱、港口的搭船位置。

‧從雅典的皮瑞斯港搭船到克里特島約 10 小時。

皮瑞斯港

港口的船公司櫃檯

航向古老歐洲文明的中心──克里特島

　　在希臘本土東側與土耳其之間的海即是愛琴海，愛琴海上星羅棋布的小島有如灑落海中的珍珠，其中最大的一顆是克里特（Crete）島，位在希臘南端，面積約 8,300 平方公里，它是歐洲最古老的文明發源地，也是小說《希臘左巴》作者尼可斯・卡贊札基斯（Nikos Kazantzakis）的出生地。克里特島的首府是伊拉克里翁（Iraklion），為島上的商業中心；哈尼亞（Chania）是第二大城。

　　夏日的觀光季節裡，每天都有從雅典飛往克里特島的國內航班，這是最快速到達的方式，但選擇夜宿渡船，除了省錢，緩緩航渡愛琴海也許更浪漫一些。

　　從雅典市區搭地鐵到了皮瑞斯（Piraeus）港口，突然來的一陣驟雨疾風把行人嚇得東奔西跑，四處躲雨。碼頭上有不同的航線，港口邊的船務櫃檯好幾個，一個問過一個，終於找到要搭的那艘船。晚上 9 點開往克里特島的大船正忙碌的吞吐著卡車裝卸貨物，拉著行李的人陸續登船，船上的服務員帶領旅客進入艙內，此時餐廳和酒吧都已坐滿人，還有人早就占好某個角落，席地而臥了。顯然，想省錢的人買張無臥鋪的船票便找個角落躺下，不僅背包客這麼做，也有一家子早早熟練就定位了。我一向樂於當個「省主席」，但行程漫長，畢竟安穩睡個好覺比什麼都重要，躺在事先訂好的床位上，房間裡有衛浴可用，令人感到踏實而幸福。

伊拉克里翁的地標──威尼斯噴泉

迷宮裡的牛頭人身怪

清晨 6 點的甲板上涼風徐徐，海面已微微露出晨曦，克里特島就在眼前，船平穩靠了岸。伊拉克里翁是克里特島最大的城市，我來這裡就是為了那個傳說中囚禁牛頭人身怪物的大迷宮。

希臘神話中，米諾安（Minoan）的國王米諾斯（Minos）因為破壞了與海神波塞頓的約定，將原本要獻祭給海神的白色公牛據為己有，海神憤怒之下施了魔法，讓國王的妻子愛上一頭公牛，並且生下一個牛頭人身的怪物米諾陶爾（Minotaur），國王只好將他囚禁在王宮裡的一座大迷宮裡。

克里特島上有一個複雜而龐大的克諾索斯宮殿遺址（Knossos），曾經出現於世界七大奇蹟的記載中。這個由米諾斯國王統治的城市繁盛一時，在西元前 1900 年全盛時期興建的宮殿，於西元前 1700 年左右因大地震而震垮，重建後又遭大火焚毀。長久以來克諾索斯都被視為一個傳說而已，一直到 1890 年才因英國考古學家亞瑟‧伊文斯（Arthur Evans）的發現，證實了史前古希臘米諾安文明的存在，克諾索斯宮殿遺跡也讓大迷宮多了幾許真實性。伊拉克里翁考古博物館裡收藏許多保存完好的文物與壁畫，其中的公牛頭酒器，有著以黃金打造、弧度極為優美的牛角，它益發增添牛頭人身怪物的傳說色彩。

公牛頭酒器

克諾索斯宮殿

儲存用品及食物的陶罐

克諾索斯宮殿依山而建，整體建築呈長方形，以中庭為中心，宮內建築圍繞著中心庭院而展開，樓宇層疊，高低錯落，有無數曲折的階梯與柱廊分布其中，四周不設圍牆與塔樓。遺跡裡有許多長條溝形建築，這是倉庫區，儲放了許多陶罐，可能是用來儲存油或小麥等物品，靠近東側附近還有巨大的陶罐，陶罐上的紋飾非常漂亮。隨著動線往前走會看到彩色壁畫走廊，牆上壁畫描繪捧著陶壺的人列隊往前行進的樣子，這條走廊可通往宮殿中庭，壁畫顯示的應是呈獻禮物給國王的隊伍。據估計整個克諾索斯宮殿有 1,200 個以上的房間，分布在四個，甚至更多的樓層中，庭院西側的樓房主要用於辦公、祭祀、保存財物，東側的樓房是客廳、寢宮，還有工作坊與學校。房間的採光良好，壁畫豐富優美，其複雜的建築結構令人相當吃驚，難怪希臘神話裡有大迷宮的傳說。

克諾索斯宮殿

整座宮殿以石塊及木材建造而成，宮殿的柱子以上粗下細的設計來平衡視覺感受，柱子塗上紅漆，頂端則以黑色裝飾，看起來很符合臺灣人常說的「紅『水』（美麗），黑『大班』（大方）」的審美觀呢！祭祀大廳內陳設國王的尊貴寶座，高椅背是優美的波浪邊緣，周圍牆上繪有花草與怪獸圖案的壁畫，光線則從天井照入。宮殿中的王后房間也非常吸引人，牆面上有淺藍色的海豚與魚群優游的壁畫，門邊都繪著美麗的花紋，其柔美的色彩與精緻的圖案可以想見當時生活的富裕與講究，比起現今城市裡的豪華氣派建築及裝潢也絲毫不遜色呀！

陶罐上有美麗的紋飾

祭祀廳

克諾索斯宮殿模型

王后房間

迷戀牛的民族

　　傳說米諾斯國王的兒子安德洛克勒斯（Androcles）在雅典被人殺害，他一怒之下派艦隊進攻雅典為兒子報仇，同時神祇降災使雅典受瘟疫之苦，於是雅典宣布投降並立下賠償條約，每年必須選出七個童男與七個童女進貢給居住在迷宮裡的牛頭人身怪物，米諾斯的兒子米諾陶爾享用。

　　克諾索斯宮殿遺跡裡有許多牛頭的圖騰，看來古代的克里特人崇拜公牛，所以產生了許多與牛有關的祭神儀式，以牛頭作為美麗的酒器與崇拜儀式的圖騰，而公牛頭正是米諾安文明的象徵。收藏在博物館裡的一幅戲牛圖壁畫，更是精采生動地傳達了米諾安人的生活似乎與牛息息相關，壁畫裡的三名男女正在跟一頭公牛戲耍，好像在表演特技，一頭雄壯的公牛正在奔跑，一個女子在前方用雙手抓住牛角，一個年輕的男子像是在牛背上翻跟斗，另一個女子站在牛的後方伸出雙手看著翻跟斗的男子像是等待要接住或扶他的樣子。顯然牛不是耕田的工具，人與牛之間似乎有特殊的情感，這些如此迷戀牛的米諾安人，是否還有更多不為人知的傳奇呢？

印章戒指

象徵繁殖的持蛇女神像

戲牛圖

出土陶偶

古文明密碼未解之謎

克諾索斯宮殿的發現，挖掘出一座雄偉而華麗的遺跡與無數的金銀珍寶，其中還找到了數千件刻有銘文的陶板，它是不是一種古老的文字呢？它記錄了什麼樣的事蹟？或者它還隱藏了些什麼驚人的祕密呢？那些神祕的「文字」有如一組古老文明的密碼，至今無人能破解。博物館的展示室裡有個大約是西元前 17 世紀時的象形文字圓形陶板（Phaistos Disc），讓人很好奇這個陶板裡的符號究竟隱藏著什麼樣的故事？

象形文字陶板

19 世紀末英國考古學家伊文斯的發現，我們得以窺見米諾斯文化的輝煌，除了華麗宏偉的宮殿建築、美麗的壁畫與無數精緻的珠寶金銀工藝，展現其驚人的創造力，這些神祕的文字更足以見證米諾斯文化已進入高度的文明。伊文斯苦苦鑽研他在克里特島上發現的許多刻有銘文的泥板，始終未能成功解讀這種神祕的文字，大致認定它為象形文與「線形文字 A」。

黃金蜜蜂的金色年代

神話裡的天神宙斯出生在克里特島上，長大後回到奧林帕斯山，在一次邂逅中愛上一位美麗的少女歐羅巴（Europa），為了要躲避天后希拉的耳目，宙斯與少女離開奧林帕斯山，回到出生地居住，後來他們所生的兒子米諾斯成為克里特島的國王。

人們一直以為這段故事是文學家荷馬筆下的虛構故事，直到 20 世紀初考古學家發現米諾安王國遺址。米諾安文明留下了大量的宮殿、房屋、陶器、青銅器、繪畫與雕塑，但是在出土的眾多文物中未曾發現武器，因此被稱為「沒有敵人的文明」，也就是說愛好和平是自古以來的克里特島民性格。

海岸、平原與山脈構成了克里特島的地形，隱藏在其中的除了豐富的神話故事，還有肥沃富庶田野之間富饒的物產。地中海氣候陽光充足，雨量充沛，溫和溼潤，氣候、地理環境與農作物的生長密切相關，古希臘種植的作物以穀類、橄欖和葡萄為主，而當時的米諾安人也已經知道養蜂，蜂蜜是其重要的糖類來源。

黃金蜜蜂飾品

美麗的壁畫

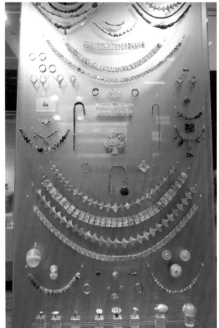

漂亮的珠寶飾品

漂亮的珠寶飾品

宮廷貴婦

考古博物館

蜂蜜是大自然賜予人類的禮物，春季的克里特島滿山遍野的花朵綻放，蜜蜂勤勞採蜜，帶給人類最晶瑩芳香的甘甜，流淌的金色液體是人間的美味。考古博物館裡收藏了許多米諾安文明的文物，在許多的珠寶飾品當中，以黃金打造的金蜜蜂最吸引人的目光，精美細緻的紋路與垂掛的珠飾，讓人對其高超的技藝發出讚嘆，以現代人的眼光來看，它依然是優雅又時尚。

博物館裡有許多克諾索斯宮殿的壁畫，其中一幅名為「藍色仕女」，畫裡的宮廷女子身穿美麗華服，頸項上佩掛精緻的寶石項鍊，手上戴著細緻的手鐲，精心梳理的髮型極為美麗，一根白色髮帶束於前額，額前垂著幾小撮彎曲的瀏海，捲曲如波浪的秀髮上裝飾著寶石珠串，女子臉上露出愉快的笑容，看起來優雅又開心。趕快照過來，這是三千多年前的貴婦啊！她們與現代都會中時尚美麗的女人相比，也毫不遜色呀！再來看畫在王后寢宮的「海豚戲水」壁畫，以及許多取材大自然的花草、動物、海中水草來作裝飾的壁畫，這種浪漫生動、活潑盎然的風格，反映出當時米諾安人富足美好生活的寫照。它是一個高度文明的象徵，也是克里特島宛如海上桃花源的縮影。

旅遊快易通

公車票

★克諾索斯遺址

從伊拉克里翁市區可搭 2 號藍色巴士到達克諾索斯遺址，車程約 20 分鐘，大約 20 分鐘一班車。回程時可順道去考古博物館。

開放時間：08:00 ～ 19:30（4 月到 9 月）、

08:30 ～ 15:00（10 月到次年 3 月）

票價：6 歐元

網址：odysseus.culture.gr/h/3/eh351.jsp?obj_id=2369

往克諾索斯遺址的巴士

★伊拉克里翁考古博物館

前往伊拉克里翁的考古博物館，可從市中心的威尼斯廣場步行約 10 分鐘抵達。

開放時間：周一 13:00 ～ 19:30（4 月到 9 月），周二至周日 08:30 ～ 19:30（4 月到 9 月）；

08:00 ～ 17:00（10 月到次年 3 月）

票價：6 歐元

網址：odysseus.culture.gr/h/1/eh151.jsp?obj_id=3327

★克諾索斯遺址＆伊拉克里翁考古博物館套票

票價：10 歐元

午後的伊拉克里翁

市區的教堂

富在地氣息的 1866 街

悠哉漫步

在地生活緩慢風

　　人在希臘，我把每一天當作旅居的日子，長長的夏日，午後回旅館小睡片刻，醒來時從房間的陽臺望出去，層層疊疊的白色房子之後是藍藍的愛琴海，那是純淨的、優美的風景，恍惚之間感覺自己置身在電影畫面中，寧靜的，停格的。

　　傍晚的陽光柔和了下來，陽光灑在伊拉克里翁市中心威尼斯（Venizelou）廣場上的獅子噴泉，這座美麗的噴泉是 1628 年時由威尼斯提督所建。廣場附近餐廳、商店林立，熱鬧而不吵雜，走過去不遠處的 1866 街富有在地生活氣氛，販賣蔬菜水果的，各種香料與沐浴用品的，棚架下掛著成串絲瓜絡與海棉，賣橄欖油的店整整齊齊的擺著瓶瓶罐罐，克里特島的橄欖油據說是全希臘品質最好。只有在擺放著各種包裝得小巧可愛特產與禮品的小店裡，才喚起我作為旅客的購買慾與念頭。

海邊的碉堡

路邊的糖果攤

克里特島的夕陽

狮子妹寄給自己和朋友的明信片

　　買了明信片，也買了郵票，就在街角的長椅上寫好，投進黃色郵筒裡，寫給自己的明信片，等我回家時，它應該也已經旅行到家了吧！旅行時我喜歡寄張明信片給自己或朋友，這是最棒的紀念品，希臘各個小島的風景明信片都非常漂亮，每張要價 1 ～ 2.5 歐元，寄回臺灣的郵資 0.8 歐元，賣明信片的店通常也有賣郵票。當旅行結束回到家後，過了一、兩個禮拜，甚至更久，收到遠方漂泊而來的明信片，上頭寫的隻字片語會帶著我再三回味旅行時的足跡與心情。

　　寄了明信片後，順著長長的街道走去，斜坡的盡頭就是海港的岸邊，位於防波堤尾端的碉堡是 1530 年威尼斯人為防備土耳其人入侵所建造的堅固要塞。沿著堤岸慢跑的人、遛狗的人、釣魚的人、長椅上聊天的老人，都是海岸邊的風景，而另一頭的街道漸漸熱鬧了起來，夕陽的餘暉為天邊染上粉藍、粉紅與粉紫，港口邊的燈光亮起，此刻的克里特島似乎有一種說不出的沉靜獨特之美。

味蕾的旅行

　　希臘飲食文化歷史悠久，古希臘人的主食是麵包，食物以蔬菜、堅果、水果和魚為主，很少吃肉類。雅典娜女神帶給古希臘人的橄欖枝，在土地上長出了飽滿而珍貴的果實，從那些果實可壓榨出淡綠色的橄欖油，千年以來這個帶著芳香氣息的橄欖油成了希臘人一日三餐不可或缺的食物。橄欖油與橄欖是重要的食物，古時橄欖油除了食用，還可作為照明燃料之用。時至今日，橄欖油仍是希臘料理不可少的重要元素，醃漬的橄欖既是小菜、也是各類料理的搭檔。把烤得脆脆的麵包直接沾新鮮初榨的橄欖油，味蕾上就是一種清新的滋味；或者把橄欖油與葡萄酒醋混合作為沾醬，也別有一番風味。

　　Mezes 是各種小菜的總稱（或說開胃菜），小菜的種類很多，包括：醃橄欖、Feta

海鮮好滋味

克里特島的尋味時光

農夫沙拉

街頭賣藝的孩子

（一種乳白色的羊乳起士，常與沙拉〔Salata〕一起食用）、黃瓜優格醬、Fava豆泥，還有葡萄葉捲（dolmathes）、炸茄子等。小菜通常與茴香酒（Ouzo）或家庭自製的酒（Tsipouro）一起食用，就像我們喝啤酒或高粱時喜歡配滷味小菜一樣。

希臘料理中使用許多香草植物，如奧力岡（oregano）、薄荷（mint）、大蒜（garlic）、蒔蘿（dill）、月桂葉（laurel leaves）、羅勒（basil）、百里香（thyme）、茴香籽（fennel seed），巴西利香菜則用來裝飾。因為氣候與地形的緣故，適合畜養較多的羊，所以羊肉料理多，牛肉料理少，而魚類是沿海地區普遍的料理，乳酪也有許多種類。希臘人外出用餐是常有的事，而與家人或好友上館子一起聚會慶祝絕對是件重要的事，因此小館子（Taverna）或餐廳（Estiatorio）到處都有。現在速食連鎖店也非常普遍，Gyros、pita、souvlaki（烤肉串）就以速食的方式供應。

烤魚

香烤小龍蝦

午餐的餐廳

新鮮的小紅魚

海鮮燉飯

克里特島的美食探索是一個很美好的經驗，我們與旅館櫃檯服務員閒聊之間就問好了吃飯的地方，點什麼菜也請他寫在紙上，因此到了餐館，先請老闆幫我們解釋菜名，然後輕鬆點好菜，等著菜上桌。入境隨俗，把自己當個希臘人，不趕時間的享受一頓午餐，我們坐在餐館門外的無花果樹蔭下，午後吹來的陣陣涼風送走夏日的炎熱，安靜的街道上行人不多，島嶼溫柔的海風與明亮的陽光交織成一股閒散的氣息。

我們在雅典吃過最常見的「國菜」為希臘沙拉，這裡上桌的沙拉是 Horta，菜單上的英文名稱叫 Green salad，又稱農夫沙拉（Peasant salad）。這種綠色蔬菜煮軟後淋上橄欖油與檸檬汁，飽含大量維生素 C 與綠色蔬菜的養分，吃起來有點像汆燙過的地瓜葉或莧菜，開胃又養生，清爽的滋味深得我心。

希臘的章魚料理（Oktapodia）最是迷人，柔軟中帶著 Q 彈的口感，咀嚼在嘴裡漸漸散發出鮮甜的滋味，它只是簡簡單單的烹調，但那種原汁原味所透出的海鮮溫柔滋味，獨具魅力，立刻就征服我的味蕾，讓人無法招架地深深愛上它。另一種海鮮料理是烤小卷，雖然不同於章魚的 Q 彈，卻柔軟鮮甜，配上白酒，照樣擄獲人心。此刻我體會到簡單樸實的料理也可以非常美味。

海港邊的餐廳，在夕陽西下、夜晚來臨時漸漸熱鬧了起來。晚餐滿滿一大盤的海鮮燉飯超有料（價格是 13 歐元），味美而實惠得讓人直呼超值；另外香烤小龍蝦與烤魚都是搭配薯條，吃得超滿足。飯後送來招待的甜點與酒，一盤小巧的炸圓麵球，中間擺上一大球冰淇淋，配搭一小瓶透明無色的 Raki，甜點配酒的妙處是解了多餘的甜膩，又多了一點微醺的快樂。

美食小檔案

★ TRAINA
地址：Giamalaki 1878, 71202 Herakleion

★ Ligo Krasi Ligo Thalassa
地址：L Marinellh kai Mhtsotak, 71202 Herakleion

住宿小檔案

★ Iraklion Hotel
　　服務親切，房間舒適。
地址：Kalokerinou 128 Heraklio, 71202
電話：281-0281881
網址：www.iraklionhotel.gr/en/gallery.html

一場藍與白的浪漫邂逅
——聖托里尼島

　　夏季的愛琴海面風平浪靜，陽光明亮，這是個遊客如潮水般湧入的季節。Cyclades 在希臘語是「環」的意思，用來形容位於愛琴海中央、基克拉德斯群島 39 個小島圍繞而成的形狀，傳説基克拉德斯群島原來是海中的精靈，因為拒絕向海神獻祭而被化成海中的岩石。哎呀！原來天上與人間，眾神與凡人一樣都有許多過節與恩怨哪！

　　這些小島就像灑落在愛琴海上大大小小的珍珠，遍布在希臘本土的南端，其中 24 座是有人居住的。如果有人問：哪一座小島最受人喜愛？答案可能都不一樣。因為每座島嶼有她獨特的風格與特色，但其中名氣最響亮的大概非米克諾斯（Mykonos）與聖托里尼（Santorini）莫屬了。

伊亞

聖托里尼

藍與白的邂逅

愛琴海

火山岩地形

聖托里尼島原來是圓形的島嶼，因火山爆發才形成一彎新月的形狀，島的西邊有幾座小島，正是火山活動的產物，源頭就是島旁邊的海上火山尼亞卡美尼（Nea Kameni）。聖托里尼島上有火山爆發遺留下來的黑色卵石沙灘，卡馬利（Kamari）就是很受歡迎的度假海灘；島南端阿克羅提尼（Akrotiri）旁則是紅色山壁包圍的紅沙灘。1960年代考古學家發掘出來的古錫拉遺跡，見證了聖托里尼島上經歷過希臘、羅馬和拜占庭帝國的統治，以及那段繁華的過往。其實早在西元前3200年時聖托里尼島就有人居住，位於島南邊的阿克羅提尼遺跡就是因火山噴發而埋沒的城市，從中挖掘出的精美壁畫及陶器可知其深受克里特島的米諾安文明影響。因火山爆發而被掩蓋的城市在1967年時被發現，整座城市被層層火山灰保存得很好，但遺跡中沒有發現骨骸及財物，推測居民應該是在災難發生前已棄城逃生去了。

旅遊快易通

★費拉與伊亞的交通

· 從新港口阿提尼歐斯（Athinios）可搭乘巴士前往費拉（Fira），車資單程是2.2歐元。

· 前往伊亞（Oia）必須在費拉的巴士總站搭乘，巴士站不賣票，上了車後會有售票員來收錢售票，車資單程是1.6歐元，車程約20分鐘。

費拉公車站

混亂中初相遇

愛琴海的跳島之旅，就是利用各個島嶼之間通行的渡船來進行，在島與島之間流連。從克里特島搭船過來，渡輪平穩舒適，約 2 小時就到聖托里尼。

從船上遠望聖托里尼時，會讓人以為島上似乎還有白色殘雪，真正接近一看才發現高聳的懸崖峭壁上是許多白色房子依山面海而建。船靠了岸，港口就在高聳的懸崖下方，只見岸邊的街道上人山人海，遊客如沙丁魚罐頭般擁擠，大型的遊覽車一輛一輛接走了從豪華郵輪下來的遊客，等著上渡船的遊客也一波一波的過來。在這混亂的空間裡，找不到任何清楚的標示，巴士站呢？纜車站呢？要找人問路，九成九是遊客，都說坐計程車到的，不清楚巴士時間。一個候車（或候船？）的亭子裡擠滿了人，眼光四處搜尋，總算在一個角落看到巴士時刻表，在鍥而不捨的追問下終於弄懂了，30分鐘後上了車，巴士是等坐滿了才開，並非照時刻表行駛。有車坐就好，碼頭的計程車要價是 18 歐元，為了省錢就得要付出耐心。

港口的公車

人群熙來攘往的港口

熱鬧的費拉市中心

　　港口在斷崖的下方，巴士可以説是貼著山壁沿路盤旋而上，當腳下的港口越來越小，視野也越來越寬闊，停泊在港口附近的郵輪遠遠地看起來像艘小船，車子約莫 20 幾分鐘就到了費拉（Fira）市區的巴士站。這裡道路不寬，但大小車輛不少，時有小塞車的情況。拖著行李從巴士站走去旅館，步行約 10 分鐘，到了旅館才發現它就位在馬路邊，雖然看得到遠處的海，但是車來車往，稍微吵了些，好處是離費拉市區算滿近的。

　　沒有人希望自己來到聖托里尼島不住海邊，但是夏季的聖島房價可是相當昂貴，不少景觀美、視野佳的旅館價位直逼萬元以上，雖然已經比一些臺灣風景區的飯店便宜，但是我仍然花不下去。出門前在訂房網站上巡了幾趟，終於找到一家視野佳、景觀好，離市中心較遠，價錢可以接受的旅館，第一天先住費拉市區，等摸熟了、買好

驢子上工啦

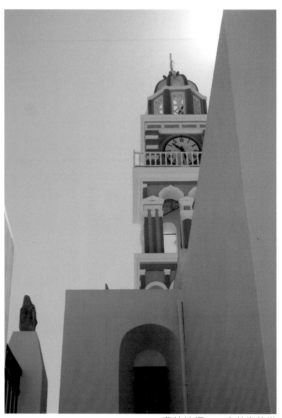

費拉市中心　　　　　　　　　　　　　　費拉地標——大教堂鐘塔

補給品就搬去「人間仙境」住，這才不算白來一趟。

　　豔陽高照的午後，陽光火辣，還好有陰影的地方就有陣陣涼風送爽。費拉和伊亞（Oia）是島上的兩個主要城鎮，費拉是聖托里尼的首府，島上最熱鬧的地方，市中心有博物館、郵局、紀念品店、超市，以及大大小小的餐廳。市中心北邊有個纜車站，可通往舊港口，在還沒有纜車時，舊港口到費拉唯一的通道是 600 階的石板階梯步道，當地人以驢子載貨和代步，現在成了遊客的一種特別體驗，騎驢兒看風景，邊搖晃邊走著瞧呢！我們投宿的馬路邊旅館，旁邊的小路是驢隊進出之路，一大早就會聽到響鈴聲，主人牽著小毛驢準備去上工，聞起來可是很有味道的。因為我有「先見之明」，自知沒有耐晃耐臭的三兩三能耐，就別隨便上「驢山」去。纜車站附近也是欣賞景色的地點，可以眺望愛琴海還有兩座火山島的景致。

藍白風情

粉紅色的表情

每個轉角都是美景

我喜歡這種手寫菜單

招牌也浪漫

伊亞

與愛琴海相依偎的鐘塔

🌿 等待最美的夕陽

　　島嶼北邊的伊亞是個寧靜悠閒的小鎮，沿著山壁而建的白色小屋如積木般上下層層堆疊，彷彿童話世界般小巧可愛。這裡早期的居民是鑿洞而居，因為島上的平地有限，木材取得不易，所以島民鑿洞而居，形成聚落。至於拱形的屋頂，原是為了將珍貴的雨水及露水收集儲存起來而設計，這種就地取材且頗有環保概念的房子，成為一種特殊的景觀，迷人的空間氛圍。

　　伊亞過去曾經因為地震而沒落，後來經希臘國家旅遊組織進行修復，形成一個藝術村，旅遊業興盛的現在，眾多的紀念品店與餐廳或許給人商業氣息之感，而且伊亞的斷崖邊蓋了許多飯店，其中有些高級旅館住宿一晚動輒是貴得嚇死人的數萬元臺幣價格，當然不是一般小老百姓可以消費得起。好在伊亞的落日美景是人類無法複製的天然之美，更是上帝賜予的美好禮物，無須高檔消費，只要放慢腳步，以一顆單純的心來欣賞就可得到。

自家陽臺賞落日的人 最佳賞夕陽地點

　　從伊亞巴士站沿著石階往上走，到了六個鐘塔的教堂廣場，左右兩邊都是比比相鄰的商店、餐廳，或是咖啡店。順著街道走，路邊盡是白屋、藍門、藍窗的精緻小店與藝廊，屋旁垂掛著紅豔得發亮的九重葛與之相映，襯托出一片藍白世界的優美。面海的每一條小路，每個臺階下去，就是某戶人家，或是某個旅館的陽臺，沒有高大的圍牆，只有小小的柵門提醒著遊客止步，在這裡，每一個轉角看出去就是一幅美景，回頭一看，藍色圓頂與白色鐘塔就在眼前，好似與蔚藍的愛琴海相依相偎，在藍天下被陽光照得發亮。

　　小島上的貓躲在陰影底下睡懶覺，下午的太陽毫不留情地烤著身上的每一吋肌膚，逛完了街道上的商店，開始漫長的等待，因為所有的遊客不遠千里而來，當然是為了伊亞的「世界上最美麗的夕陽」。伊亞的商店賣的紀念品頗具巧思，各家商店與藝廊也有自己的特色，但價格並不便宜，像聖托里尼最有名的紀念品是火山岩漿凝結而成的火山石與海底珊瑚，當地人把它們磨成圓珠製作項鍊或手鍊等飾物。漂亮的紀念品錯過了或許很難再買得到，但這裡處處是美景，沒有好好欣賞和拍下最動人的景色才是遺憾。

伊亞的落日

黃昏的伊亞

　　有人説：「所有經過等待的，都會成為最美好的。」的確如此，一到黃昏遊客就會湧入伊亞，人群會不約而同漸漸往碉堡的方向聚集，越接近落日的時間人越多，大家擠在小小的碉堡上，面海的巷弄之中也站滿了人，可以説是萬頭攢動吧！所有人都在等待著海平面上一齣以海天為舞臺，夕陽與霞光共舞的愛琴海落日秀。平靜的海面幻化著無限溫柔的波光，光之女神舞動著曼妙的身影，當夕陽最後一抹美麗的餘暉隱沒於海平面時，人們歡呼了起來，那是因為與所愛的人共享眼前美景而感動，覺得幸福的聲音吧！我想，就算獨自一人來到這裡，也會感受到當下的美好而滿足不已。

　　在短短的時間裡，整個大地劇場就要換上夜晚的帷幕，天空還是那麼藍，藍得純粹，藍得優雅，更藍得出奇，懸崖邊上的白色房子開始透出燈光，溫柔的燈火在夜裡繼續為整個伊亞點上夢幻情境。

燈火繼續為伊亞點上夢幻情境

藍與白的對話

迷走夢幻島嶼

聖托里尼街頭的熱鬧與擁擠不免讓人覺得過度觀光化，但所有的美景將補償你之前的失望，讓你很快忘了她的缺點。相對於伊亞，費拉似乎平淡了些，我心中這麼想，但是今早從費拉的大教堂（Orthodox Cathedral）開始的路程完全顛覆了我的評斷，那段沿著海岸漫步的小徑，恬靜得宛如世外桃源，我在費拉始終沒找到明信片上的那座藍頂教堂，卻因為小小的迷路，走到海岸邊的小徑，看見費拉最美的景色。如果迷路也是自助旅行的過程，那麼它就像是不小心在咖啡裡灑了一點白蘭地，恰巧為旅程製造一點驚喜的元素。而放下心中的執著與懸念時，就會看見更自在快樂的自己。

不知上帝是否把最美的藍色顏料都傾倒在愛琴海？余光中的詩句「天空很希臘」，烙印在年少時心版上的詩意猶在，眼前的這一片湛藍，誰不想擁抱入懷？海面上的白帆點點，船隻駛遍宛如在平滑的鏡面上留下一道長長白痕，由高處往下看，火山岩壁裸露出一層一層的灰色、磚紅色、暗紅與黑色，這種孤懸在島嶼上的峭壁，正是此處獨特的地貌。大約是西元前 1500 年，一次巨大的火山爆發將島上的城市埋入火山灰中，當城市的遺跡被考古學家挖掘後，大家開始猜測它是否就是柏拉圖所說消失的亞特蘭提斯？

崖邊盡是白色房子

可眺望美景的餐廳

傳說中的亞特蘭提斯是海神波塞頓所創建，他娶了島上的一位少女，生了五對雙胞胎。後來海神命令長子亞特拉斯擔任統治者，剛開始時他把這個國家治理得很富強，但之後卻逐漸腐敗，宙斯知道了很生氣，便引發地震與洪水來懲罰他的墮落，亞特蘭提斯便在一天一夜之間沉入了海底。神話與傳說似乎為這個深埋於火山灰底下的城市增添了些許神祕氣息，也給予這座島嶼的前世更多想像。

懸崖邊的旅館

1~8 不同顏色的門有各種表情

味蕾的旅行

　　聖托里尼別名錫拉（Thera）島，自古以來就受到火山爆發的侵襲。火山灰底下封存了曾經輝煌的城市，看起來相當貧瘠的火山岩土地上卻長出甜美的葡萄，聖托里尼島以生產葡萄酒知名，當地的特有葡萄品種「阿西爾提可」（Assyrtico）釀製的葡萄酒頗有名氣。閒逛禮品店時，年輕的店員用中文道：「你好！」這兩、三年已少有外國店家用日文向我們問候，當然是因為說中文的遊客大增之故。店員禮貌招呼，介紹島上特產的葡萄酒並請我們試喝，不善飲酒的我們只能淺嘗一兩口，對這個頗有特色的本地佳釀，只能將甜美的味道好好存留在記憶中了。

　　午餐的慕沙卡（Moussaka）是一種開胃菜，以馬鈴薯、茄子與絞肉分別一層一層疊上去，最上面鋪上起士，送到烤爐裡焗烤，上菜時有的是切成方形，有的是放在陶皿裡，一盅一盅的，看起來很像千層麵，吃起來非常柔軟，濃郁而香味十足。香烤豬排或許只能算是很普遍的菜，但烤到剛好的肉排吃起來結實而多汁，不柴不硬，算是

費拉

希臘沙拉

香烤豬排

慕沙卡

平凡中的一種美味。希臘菜是樸實無華卻好滋味的，沒什麼高級的食材，烹調的方式也不複雜，好吃的祕訣就是當季當令的新鮮與原味，加上善用香料調味。

聖托里尼島上雖有巴士行駛，但旅館所在不一定是交通方便的地方，離巴士站近的，可能因為離馬路較近相對就會吵雜。選擇風景好的、價格還可接受的，位置就稍微偏遠，交通方式除了搭計程車，可能就是租車。

我們從費拉市區的旅館搭計程車搬到一間離市中心較遠的旅館，有客廳、小廚房及面海的房間，陽臺上就可以欣賞無敵海景。有了這樣令人滿意的美景，悠哉的喝個下午茶，在躺椅上看看書，或者低頭振筆寫寫日記，然後看夕陽，真是再愜意不過呀！下午的時候我覺得陽光太強，但泳池旁的男男女女可是邊塗防曬乳液邊享受陽光。當夕陽西沉，泳池畔的人已經離開，我們才準備加入，此時整個泳池彷彿我們專屬，但我們實在太外行，殊不知一離開陽光水就冷了，原來這裡的泳池重點不在游泳，而在把皮膚曬成古銅色才是王道。

陽光在愛琴海跳舞

費拉的落日

屬於希臘的夏日旋律

晚餐

　　至於晚餐呢？如果還要花錢花時間搭計程車到市區用餐，不如把時間完全留給這片美景。小廚房有簡便的鍋子與餐具，自己做了簡單的沙拉，煮了乾拌麵，多餘的醬汁配著白煮蛋，這一頓很臺式的晚餐雖然再簡單樸實不過，但家鄉味可是特別撫慰人心哪！

美食小檔案

★ Triana Restaurant
地址：Fira Santorini, Fira, 84700
電話：+30-22860-24005

住宿小檔案

★ Anatoli Hotel
　　離費拉巴士站近，早餐豐富。
地址：Kontochori, Fira, 84700
電話：+30-22860-22759

★ Caldera Butterfly Villas
　　視野佳，景觀美，房間很舒適。
地址：On the Caldera, Fira, 84700
電話：+30-22860-24804
網址：www.caldera-butterflyvillas.com

旅遊快易通

‧火山島的參觀行程，可在聖托里尼島上參加旅行社的半日行程或一日行程。
‧聖托里尼酒莊（Santo Wines Winery）品酒行程，可參閱網站（www.santowines.gr）。

聖托里尼驚魂記

旅館距離港口車程不算很遠，但離巴士站卻有點距離，旅館櫃檯人員說走到巴士站大約是 5 分鐘的路程，到港口的巴士大約是 20 分鐘一班，聽起來還算能接受。

度過了非常悠閒的早晨，午後 2 點，帶著輕鬆的心情走向巴士站。好不容易來了一班巴士，卻說下一班才是往港口的車，等到下一班來了，上了車問還是不對，說 5 分鐘後有車，但是時間一點一點過去，距離船班開船時間越來越逼近，心裡越來越著急，路過的計程車不是已載客，就是不停，招手求助卻沒有一輛車願意停下。終於在等了 45 分鐘後來了一輛巴士，車上的售票員說 3 分鐘後會有一部車去港口，然後車子就揚長而去。大太陽下的苦苦等待，望眼欲穿，三個傻瓜站在豔陽高照的路邊

瞬間起霧

夏日的青春時光

等待奇蹟發生，我開始後悔自己人到了歐洲，還老是把歐元換算成臺幣，那當然花不下去，如果想開一點請旅館的人叫計程車，也不會像這樣將自己的三魂七魄都嚇得快飛了。這「3 分鐘」簡直如一世紀那麼久，最後，終於……獲救了！感謝上帝、感恩佛祖！接下來，應該可以輕輕鬆鬆上船吧？

想不到巴士驚魂記後，接下來上演的是港口受難記。今天的港口依然混亂無度、毫無章法，很難理解這樣一個世界級的旅遊勝地，竟然沒有任何指標可循，你的眼睛最好明亮一點，因為來去自己要想辦法弄清楚，所以不斷的「不恥下問」絕對必要。一大堆人像難民般擠在港口那一頭的轉運站，流著汗水等待不知何時到達的渡輪，此時唯有耐心是最好的解決方式。原來希臘人的時間觀念是這樣的！他們說的 5 分鐘，可能是 10 分鐘、20 分鐘……，原來希臘人做事是這種風格呀！除非親身體驗，否則你永遠無法知道另一個國家，另一種文化，另一種人的生活態度，換句話說，你就不會知道自己生活的地方究竟有多好，多可愛或多不可愛。旅行，會讓人更認識自己。

下一站，會是什麼風景等著你？旅行的奧祕就是——永遠有未知的一切等著你去探索。

悠遊酒神的故鄉——
納克索斯島

　　比起聖托里尼島與米克諾斯島，納克索斯（Naxos）島的觀光客明顯少了很多，形狀像個馬鈴薯的納克索斯島，是基克拉德斯群島中面積最大的島嶼，也是物產豐饒之地。馬鈴薯就是它主要的農產品，還有葡萄、橄欖、香櫞、櫻桃及無花果等農作物。納克索斯的島民多數以農漁為業，在島上的山谷之間有許多依然保留著傳統風貌的小村落，遠離塵囂、悠閒沉靜的氣氛，是英國詩人拜倫心中的「夢幻之島」。

迷宮迷情淒美神話

　　納克索斯是酒神戴奧尼索斯（Dionysos）居住的地方。話說當年，由於米諾斯國王要求雅典每年要送七名童男與七名童女給牛頭人身怪物吃，因此雅典國王的兒子鐵修斯（Theseus）就自告奮勇去殺怪物。

　　英勇的鐵修斯王子混在獻祭的犧牲者行列中，在前往迷宮途中，國王的女兒雅莉亞德妮（Ariadne）對他一見鍾情，於是暗中送給鐵修斯一把鋒利的匕首及一捲

納克索斯

線，叫他進入迷宮時先將線綁在入口，手握著線就不會迷路。鐵修斯殺死怪物後逃出了迷宮，帶著公主，在回雅典的途中，停留在納克索斯島，酒神看見了公主驚為天人，就愛上了她，於是宣稱雅莉亞德妮公主已被命運女神指定為他的妻子，鐵休斯必須放棄她，否則會遭到降禍，鐵修斯只好將深情的公主遺棄在納克索斯島上，酒神最後娶了公主，在島上過著幸福快樂的日子。而那位鐵修斯王子可能是因為傷心過度，在回雅典時忘記與父親的約定，若成功殺死怪物船上會掛白帆，若失敗則是掛黑帆，當父親艾吉斯（Aigeus）國王看見掛著黑帆的船歸來，就悲傷欲絕地跳海身亡。後來，人們就將那海稱為愛琴海。

無花果樹

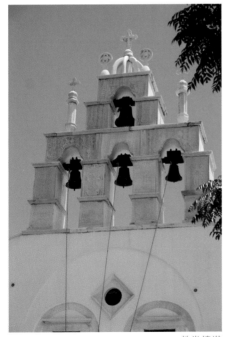

教堂鐘塔

紅豔的九重葛

荷拉舊城堡尋幽訪勝

　　聖托里尼往納克索斯的船班延誤了 50 分鐘才到，碼頭候船室人聲鼎沸，人群都排到街道去了，上船找好位子，渡船徐徐悠悠地開往納克索斯，大約是 2 小時後，船靠岸時已是午後 5 點 50 分。見到港口邊拿著牌子等候我們的民宿主人 Sofi 與她先生後，他們立刻招呼我們上車，大約 5 分鐘車程就抵達民宿。這是一棟藍白相間的房子，牆上到處垂掛著顏色鮮豔、花朵怒放的九重葛，周圍都是民家，窗戶外、對面鄰居正在晾曬衣服，不遠處是一片小樹林，一切都那麼安靜與樸實。

　　從民宿走到港口大約十多分鐘，碼頭邊上停靠了不少漁船，岸邊是一整排相連的餐廳。剛剛走過的街角，幾戶人家外面掛著曝曬太陽的章魚或魚乾，散發著十足的海港氣息，連島上的貓都懶洋洋地沉睡著。港口另一端的山丘上立著一座巨大的神殿大理石門，那是納克索斯的地標，西元前 6 世紀時的暴君下令修建一座全希臘最大的神殿，要獻給太陽神阿波羅，因為政權的日漸衰敗，這項浩大工程一直無法完成，後來

巷弄裡的貓老大　　　　　　　　　　　　　　荷拉老城區巷弄

神殿的大理石被拿去建城堡，只留下一個孤立在海邊的石門。夕陽西下時，落日正好框在石門之中，海浪拍岸，夕陽餘暉映襯著古老的神殿廊柱，蒼涼又華麗。

　　沿著那排餐廳走過去，轉進上坡的小路，這是通往中世紀城堡區（Kastro）的路徑，無論白天或晚上，穿梭在城堡區的狹窄巷弄中都是極為迷人的事。彎彎曲曲的小徑像一座迷宮，小徑裡是沿坡而建的白色老房子，穿過拱形的廊道，在每個轉彎處總有令人驚喜的景物。某些石砌的牆上留下古老的印記，那是當時統治者威尼斯貴族的家徽，當時威尼斯公爵沙努多（Marco Sanudo）占據了愛琴海上十七座島嶼，以納克索斯作為行政中心，在老城的山丘上建造一座城堡，與貴族們住在高處的城堡區，有堅固的城門防禦外人，城堡的下方則是被統治的本地小老百姓生活聚落，一間間緊緊相連的房子在城堡外圍環繞形成迷宮般的區域。

　　現在遊客來到這裡尋幽訪勝，目光總會被其中頗具特色的小店所吸引，巷弄中有許多銀飾店、服飾店，還有咖啡館。每當你一轉彎，就會發現角落裡有個美麗的小花圃，而綠色的藤蔓底下是咖啡座，花團錦簇的九重葛旁邊，白牆上竟還有幅美麗的小

地圖，可愛極了！越往裡面走，不知道已穿過幾道城門，爬了多少階梯，像個小小的探險者，你可以靜靜地欣賞博物館或藝廊裡的展示，也可以找到有別於其他地方那些大同小異紀念品之外的別致手工藝品。

夏日夜晚時，涼風吹來，城堡區安靜的巷弄裡，走過幽暗的廊道，一個大庭院內有個小型音樂會，幾個人正在演奏民謠音樂，幾個穿著傳統服裝的人舞蹈起來，夜晚的城堡區裡有著白日沒有的神祕氛圍，時間彷彿還停留在古早古早的時候。

可愛的招牌

夜晚的城堡區

城堡區傳統音樂演奏

山村小日子

　　納克索斯島上分布著大小村落 41 個，今天我們要去的是艾皮朗塞斯（Apiranthos）。港口邊的廣場有巴士站，早上 9 點半的巴士，車子往鄉間開去，沿路兩旁都是橄欖樹，山上是裸露的岩層與低矮的樹叢，宙斯山（Mt. Zeus）是整座島的最高峰，高約 1,000 公尺，以一種穩重溫和的姿態盤據在島中央。

　　巴士上的乘客除了幾個遊客，多半就是當地村民，雖然我聽不懂他們的談話，但偷偷觀賞他們的表情也是一種樂趣。巴士穿過幾個小村，樹蔭下總會看到幾位老阿伯聚在一起閒聊，巴士司機不僅載客，也身兼郵差與送貨員，每到一個村落，就會有人跑來拿東西，順便哈啦兩句，聊點家常、話個八卦吧！這村的東西拜託請帶給下個村的某某人，可能回程時再帶個農產品什麼的。巴士在山路上行進，來到艾皮朗塞斯的路邊，下了車四處張望，安靜的街道上沒有半個人，只見遠山在含笑，過了一會兒，對街剛剛開門的咖啡店老闆出現了，問了路才知村子就在附近白色教堂的後方。

幽靜的艾皮朗塞斯

小村巷弄

艾皮朗塞斯

小巷散步

　　小村給人的感覺十分寧靜，我們在白色的巷弄中遊走，坐在樹蔭下閒聊的老阿伯大概是整個村子裡最活潑外向的人了，偶爾安靜走過的是帶小孫子去雜貨店買日用品的阿嬤，巷弄裡幾家小店擺著樸實的用品，竹編的籃子或金屬的用具，店家微笑示意，客人可以輕鬆看看，沒有任何干擾。送貨的男人向經過的村民打招呼，穿著黑衣、梳著包頭、身材瘦小的老太太與站在小餐館門口的少年聊了幾句，騎驢經過的村民與我們打照面，還好這裡的生活沒有被遊客過度打擾，連餐廳的服務生看起來都靦腆安靜，沒看到任何的生意臉，和聖托里尼的過度熱鬧截然不同。寧靜的山村，希臘小島的鄉間景致，納克索斯顯得真實又可愛。

　　當我在小巷弄裡轉來走去，偶有田野間或樹梢上傳來鳥叫聲，我想像著山村裡會不會傳來一陣朗朗讀書聲，或者等一會有媽媽從屋裡跑出來叫貪玩的孩子回家吃飯呢？樹蔭下乘涼的老人靜靜地看著過往的人，我們上前問可否一起合照，老先生微笑看著我們，比了比身上不知說些什麼，或許是向我們表達他穿得太樸素照相恐怕不好看，我們只想努力向他表達感謝，畢竟他沒有因為陌生人的打擾而拒絕，已讓我們感到非常開心。

　　坐在濃濃樹蔭下吃午餐，服務生端來一盤希臘沙拉，上頭的 Feta 起士幾乎跟盤子一樣大，這種希臘國民美食我們常常吃，只是今天沙拉的主角幾乎是起士；番茄醬汁寬扁麵也是平實簡單的料理，沒有任何裝飾，非常樸素的出現在餐桌上；還有方形如板豆腐那般的慕沙卡，焦黃的顏色，也是很鄉村的面貌。這種家常味，換個場景在我們自己的家裡或鄉下，應該就是燙個地瓜葉淋上蒜末醬油（連紅蔥酥都沒有，那算餐館的作法），還有白飯配個肉燥，不然就是控肉配白飯吧！家常就是每家常常吃的，天天吃也不會膩的菜吧！

山村小店

斑駁的大門　山村風光

平凡的美味

村裡的老先生指點遊客

家常的滋味

最古典的紀念品——收集神話故事

　　希臘是神話的故鄉，隨便玩到某個地方都有相關的神話與傳說，一路上收集了不少神話故事，我最喜歡的是納克索斯島雅莉亞德妮公主淒美的故事。公主與王子原來不是手牽手從此過著幸福快樂的日子，看似美好的愛情故事最終是悲劇，因為有情人不能終成眷屬，所以故事才那麼淒美感人，公主如果順利跟王子回家，說不定兩個人也不會廝守到老，王子有可能之後劈腿愛上別人，公主有可能因婆媳不合跑回娘家⋯⋯人間天上都一樣吧！我喜歡雅莉亞德妮公主的聰慧與機智，但到底是酒神耍心機從中搞破壞，還是神仙也都抵擋不了命運的安排？我很想點一首歌送給她——「下一個男人會更好」（鐵修斯啊你這個豬頭，你不是英勇的王子嗎？你把酒神抓起來關就好了嘛）。

旅遊快易通

　　到艾皮朗塞斯村的交通有巴士可搭乘，班次不多，巴士往返時刻可向旅館或民宿詢問，港口有觀光服務處可諮詢。

某位房客留下的美圖

🌿 味蕾的旅行

　　剛到民宿時，高大風趣的老闆泡了希臘咖啡請我們喝，他把磨得很細的咖啡粉加上糖和水倒入壺中，在爐子上煮沸後，咖啡連渣一起倒進杯裡，再慢慢地沉到杯底，喝起來既濃又甜。據說咖啡是經由土耳其傳到歐洲的，希臘咖啡的喝法與土耳其咖啡相同，應該是鄂圖曼土耳其統治時遺留下來的。希臘的路邊攤販賣的一種芝麻圈麵包，據說那原來是鄂圖曼土耳其宮廷裡吃的麵包，後來流傳到各地。老闆招呼過我們就說他隔天下午才會出現，然後便離去，看來納克索斯島民的生活十足慢活、也樂活，我們就把民宿當自己家吧！明天早上自己準備食物，坐在陽臺上來個慢食慢活晨光早餐。來到希臘數日，我們的腳步放慢了，明天睡到自然醒，學希臘人一切慢慢來。

　　希臘的夏天炎熱，太陽很晚才落下，中午的時候很熱，因此希臘人向來有午休的習慣（咦，臺灣感覺更熱耶），多年前聽聞希臘這個國家一到午休時間商店就拉下鐵門休息。現在是旅遊旺季，到了雅典、聖托里尼和這裡，商家都在營業沒午休，可見「時機歹歹」，日子要過，錢也要認真賺呀！

民宿

希臘咖啡

自己做早餐 人在夕陽中

海邊的餐廳 納克索斯港口

　　傍晚的涼風令人心情愉快，納克索斯海港給人的感覺有點像臺灣的蘇澳港。黃昏時，岸邊散步的人、騎腳踏車的人、牽著小孩或推嬰兒車的人，都以一種閒適的步調走過，甚至街邊玩鬧的小孩也不會遭到大人斥喝，因為連車子行進的節奏都緩慢了。

　　小餐館的燈還沒點亮，夕陽的餘暉染紅了整個港岸，我靜靜看著光影的變化，岸邊那個街頭畫家的身形，漸漸被霞光雲影所包圍，剪裁出一個動人的輪廓，畫著風景的人也變成了風景畫裡的人。

　　海港邊的小餐館，屋棚下幾張樸實的桌椅，簡單掛著幾串貝殼裝飾，沒有任何講究的布置，店門口透明冷藏櫃裡擺著海鱸魚、石狗公、紅鮋魚之類的海鮮，客人先挑魚，算好價錢，然後送進廚房，一會兒再把烤好的魚送上桌來。烤章魚或炸花枝配馬鈴薯，擠上萊姆汁，來一杯白酒，就是夏日餐桌上的好味道。別小看這裡的馬鈴薯，有種特別鬆軟與香甜的滋味，平常不吃炸薯條的我，此時把盤裡的薯條都嗑光了，平凡的薯條化身為美味，我只好捨麵包而移情別戀薯條了。

海鮮任你選

美味的章魚

餐廳

炸花枝

🍴 美食小檔案

★ Smypnatiko
地點：位在港口邊那一整排餐廳的中段位置
電話：+30 22850-24443

★ Tavern Platanos
地址：Apeiranthos, Naxos
電話：+30 22850-61460

🏠 住宿小檔案

★ Pension Sofi
　　有接送服務，老闆親切風趣。
地址：Old Town, Naxos Chora, 84300
電話：+30 22850-23077 或 25593

🧳 旅遊快易通

從納克索斯到米克諾斯的渡輪，航行時間約 2.5 小時。

徜徉海角一樂園——米克諾斯島

　　小島與小島之間都是以渡輪作為交通工具，夏天的海風令人舒暢，陽光下的海水湛藍，渡輪駛過海面激起一陣陣白色浪花，讓人忍不住想來杯咖啡邊看風景，這才發現船上的餐飲不便宜，咖啡一杯要價 3.7 歐元，聞著咖啡香的我只好自我催眠：就奢侈浪漫一次吧！

　　當船靠近港口時，乘客們拿著行李在出口處等待，渡船艙門已經打開，眼前一片明亮，下了船第一件事是找旅館派來接我們的人，但找了半天，所有的人幾乎走光了仍然不見來接我們的人，幸好有位年輕人幫我們打電話聯絡，十幾分鐘後終於接了我們往旅館去。開車來接我們的是旅館的老闆，他向我們致歉，因為今天客人很多簡直忙翻，所以延誤了時間沒有準時出現。看他誠懇的語氣與態度，我們也就打消了想向他「客訴」的念頭。

　　米克諾斯（Mykonos）是超人氣的度假島嶼，比起其他小島，住宿費用高很多，全希臘物價最高的米克諾斯島，夏季是房價的高峰期，想省錢者建議提早安排，選擇避開昂貴的旺季期間，但夏季的人潮是否也說明了一個事實：如果不夏天來，怎看得到最美的天空與愛琴海？

米克諾斯到了

港口邊的小教堂

屬於夏季的陽光節慶

村上春樹在《遠方的鼓聲》一書裡寫到米克諾斯的島上生活，他描述：「再怎麼說還是夏天好。就算說觀光味太濃，人太多，飯店滿，物價高，迪斯可舞廳太吵，但夏天的米克諾斯才真正的快樂，那是屬於另一種節慶。」

米克諾斯是希臘人氣最旺的渡假小島，一直以來深受嬉皮、藝術家、富商、同志的喜愛，一到夏天，島上就湧入無數遊客，狂歡的假期也就隨之而開始，這是一個屬於陽光、沙灘、比基尼的享樂天堂。

海岸邊一排排的白色房屋林立，鋪排得緊密有致，在乾旱褐黃的山坡上，分布著點點草叢與一棟棟白房子，遠處白教堂的藍屋頂或紅屋頂，在晴朗的陽光下閃著明亮的色澤；低矮的圍牆上無花果樹的樹蔭似乎一點也抵擋不住狂野熱烈的陽光，路邊的夾竹桃花迎風招搖，呼嘯而過的沙灘摩托車是提醒你把握時光及時行樂的一首青春進行曲。

米克諾斯的荷拉巷弄

純淨的藍與白

曲折的荷拉巷弄

荷拉（Hora）縱橫交錯且曲折狹窄的巷弄像個白色迷宮，走入其中很容易就在彎彎曲曲的巷弄裡失去方向。米克諾斯市中心的計程車廣場是進入這座白色迷宮的入口，石板路兩邊清一色的白房子，小小的臺階上是較為退縮顯得小巧的二樓，漆著亮藍或嫩綠色的窗櫺與門，也有些陽臺是朱紅或濃綠的欄杆。房子與房子彼此互相連接交錯而成，當初是為了要抵擋強勁的海風，所以連成一氣，或是群聚而居的島民比較容易守望相助呢？這顯然已經不重要了，現在這裡已是遊客喜歡聚集的地方，一間間商店、餐廳、酒吧與舞廳都在這裡歡迎遊客的光臨。

越夜越熱鬧的巷弄

米克諾斯的藍頂教堂

米克諾斯的紅頂教堂

安靜的一角

迷人的小威尼斯

也許滿街的紀念品店及喧鬧的人來人往讓人有些不快，但是小威尼斯這裡總算能見到米克諾斯的自然美景。荷拉西側的海灣，優雅地展開一道弧形線條，臨海而建的房子有點像水都威尼斯的風光，所以有了「小威尼斯」的別稱。海岸邊是一間連著一間的餐廳及酒吧，早晨時非常清靜，一切還在沉睡中，巷道中只有早起工作、打掃、送貨的人，或是迎面而來一兩個夜不歸營、帶著宿醉的年輕人搖搖擺擺走過。

經過岸邊狹小的走道時，或許海水已經親吻了你的腳背，腳步轉到後方，又是另一個圓弧形的港灣，你會看見海岸邊有一座小巧可愛的藍頂教堂，堤岸邊上斜躺著一艘小舟，這個畫面美得令人陶醉。再過去幾步路有個小魚市，每天早晨漁船靠岸，漁

小威尼斯

臨海而建的房舍

島上的五座風車

夫忙著整理魚貨，然後就是餐廳的廚師及當地人前來採買食材，有時海鷗會熟門熟路以迅雷不及掩耳的速度，倏地叼走一條魚，好像是早就和漁夫達成共識的老友一般，毫不客氣的享用就是了。

今晨沒見到米克諾斯島上那三隻明星鵜鶘，不知是還沒出門，或是雲遊四方去了。路邊有個賣水果蔬菜的攤販，看起來有點年紀的老闆一派悠哉望著四周，一看到拿著相機遊逛過來的我（眼睛沒在看水果），立刻絕情的轉過頭去，看來早已厭倦老愛把他當風景看的遊客吧！一旁賣鮮花的老闆才要開始擺置她的攤位，早晨的陽光忽隱又乍現，這時對街的餐廳露天座位上已經坐著悠閒喝著咖啡、吃著早餐的本地人，這一刻的清靜，才是屬於原來米克諾斯的面貌。

處理魚貨的漁夫

黃昏的海景

小巧可愛的教堂

米克諾斯島以風車聞名，從前島上的居民用風車磨麥，現在島上以觀光旅遊業為主，大部分的風車已停止運轉，小威尼斯山丘上的五座風車變成風景明信片上的迷人畫面、遊客最喜愛的拍照地點。日落時，這裡就開始熱鬧起來，當燈光點亮，遊客來到海邊的餐廳，海風清涼吹拂，海面漸漸轉為深藍，一邊品嘗佳餚，一邊欣賞海景，餐桌上燭光搖曳，增添幾分浪漫，此時的米克諾斯又變化成全然不同於白日的樣貌。

魚市

早晨逛市場

歡迎來到天堂

　　來到米克諾斯的遊客，通常會怎麼度過他的一天？度假嘛！應該就是慵懶得睡到自然醒，近午時分再慢條斯理的吃個早午餐，接著到海灘曬曬太陽進行日光浴。有人說米克諾斯最著名景觀就是白天的沙灘與夜晚的酒吧，這裡的沙灘正是帥哥猛男與美女辣妹的最佳展示舞臺。不是帥哥美女掛的也絲毫不必擔心，米克諾斯島上有許許多多的海灘，無論什麼年齡，就算闔家光臨，也都有合適自己的海灘可以戲水、曬太陽。

　　島上的巴士很方便，可以到達 Platys Gialos 沙灘，這裡也有接駁船可以搭到島上幾個有名的沙灘，「天堂海灘」（Paradise Beach）是最

公車站

度假飯店林立的海灘

小船接駁到不同的沙灘

歡迎來到天堂海灘

負盛名的一處海灘，素有「天體沙灘」之稱。米克諾斯島上的地形像個巨大的岩石，裸露出高低起伏的黃褐色土石是海灣及沙灘後方的背景，沙灘前方則是藍得透澈的海水。米白色的沙灘上陳列著一排排的遮陽傘及躺椅，傘下的人或坐或臥，悠閒自在曬著太陽，吧檯播放著節奏明快強烈的音樂，一波波傳送到每一個角落，送飲料點心的沙灘男孩一身古銅色皮膚閃閃發亮，忙碌穿梭在一排排的躺椅之間。這裡是天體人士與同志的天堂，近來因為大批觀光客湧入，他們紛紛轉移陣地到更偏遠隱密的超級天堂沙灘（Super Paradise Beach）而去，但有些熱愛自由的人還是選擇在這裡完全解放，與大自然合而為一。

一樣的陽光兩樣情，相對這些天體人，我們的出現簡直像外星人，一來不習慣展現身體，二來從不愛把皮膚曬成古銅色的東方人，絕不樂見自己變成一隻紅通通煮熟般的蝦子。其實原來的人類不就是天體的樣子，根本沒有華麗的衣服包裝自己的外貌，沒有過度的慾望束縛了自己。不管是巴黎羅浮宮裡「米羅的維納斯」，或是雅典國家考古博物館裡的宙斯或波塞頓雕像，那些雕像展現了裸體的健美感，與眼前沙灘上的天體人群一樣，都是藍天下陽光的子民，自然自在與愉悅。或許現代的人類在重重包裝、爾虞我詐之下，極度渴望獲得一處回歸自然的地方，可以自在做自己吧！

寶石般的藍綠色海水輕輕拍打海灣，透明而澄淨，如果裸體不是自己釋放身心的最佳方式，那麼就沿著海岸漫步，徜徉在海角一方，感受眼前蔚藍海水所帶來的愉快與自在吧！

享受陽光的海灘客

陽光與海水

最浪漫的紀念品——收集海水和門的顏色

在希臘幾個小島旅行，欣賞了最美的愛琴海風光，每個小島各有其特色與個性，連海水的顏色都不一樣。我在米克諾斯島的天堂海灘沿著海邊漫步，海水清澈無比，海水的顏色從近處的透明碧綠到遠處的湛藍，有淺有深、有濃有淡，我被這一片藍色世界包圍，海在我面前展現它最美麗的面貌，難怪這裡被稱為天堂海灘。

聖托里尼與米克諾斯等島嶼上的白色房子與藍天碧海相映，形成希臘小島的獨特風情。在迷宮般的巷弄小徑中一間連著一間的房舍，刷得白白的牆壁配上藍色的窗戶及大門，就是希臘國旗上的顏色。除了藍與白的基調，我也喜歡點綴其中的鮮黃、嫩綠，還有淺紫、朱紅，那些不同顏色的門隱藏在一片藍白之間，在我走逛時不經意出現，我用相機拍下來，作為旅行中最浪漫的收藏品。

天堂海灘

澄淨的海水

錯綜複雜的巷弄

味蕾的旅行

我們預定的旅館離港口約 10 分鐘車程，是一家剛開張的小型旅店，布置得相當簡潔淡雅，寬大的陽臺可眺望遠方的景色，視野寬闊，遠離市區的喧鬧，自成一方白色的小天地。老闆是一對年輕夫婦，有個 2 歲的可愛小女兒。兩人親力親為打點大小事，但凡我們開口提問的事，也都耐心而親切的一一説明，最有趣的是兩人在每日共事的忙碌節奏中還不忘時時表示愛意，一句：「謝謝你，你真是最認真的老公。」再加上一個俏皮的表情與飛吻，希臘人的浪漫讓我們都感染到滿屋子的快樂與幸福氣氛。

老闆娘忙著接待其他客人時，仍細心地交代老闆待會記得送我們到市中心，讓我們可以散步到海邊的餐廳吃晚餐。明天，她將應我們的請求，提供且説明我們旅程的下一站塞薩洛尼基（Thessaloniki，舊譯名帖薩羅尼加）的資訊，她正巧就是塞薩洛尼

旅館主人

希臘甜點──米布丁

早餐

海邊的餐館

橄欖配脆麵包

看看要吃什麼海鮮

美味的海鮮義大利麵

在陽臺賞景

炸櫛瓜

基人，嫁給米克諾斯島土生土長的老闆，聽到我們要去塞薩洛尼基就熱心地提供資訊。

　　早餐，可以選擇菜單上提供的數種款式，之後精心準備的餐點就會送到房門旁的小桌上讓我們享用。小巧的起士派是鹹點；手工果醬、麵包與巧克力蛋糕，配上香濃的卡布奇諾；米布丁（Rizogalo）是希臘有名的甜點，吃起來軟滑溼潤，香味十足。老闆娘選用希臘本土食材與在地的農產品，親自準備的手作料理，還有新鮮柳橙汁與當令水果為早餐的營養加分，讓我們吃得滿足又開心。餐桌上的食物彷彿是個顏色繽紛的小小田園，主人夫婦用心經營的美麗家園就像米克諾斯島上的陽光那樣明亮美好。

　　夜晚的海風清涼，海水拍打上岸激起浪花點點，白色風車、白色教堂與白色房子，當島上所有的白都逐漸隱沒在夜色之中時，只留下海水的聲音。海岸邊的餐廳在日落之後，燈火漸漸點亮，似乎預告著屬於夜晚的饗宴即將上場。

　　走到臨海的魚市餐廳，門口就有一個寬大的冷藏櫃，鋪滿冰塊，擺放各種魚類海鮮供人選擇，客人挑選好了再秤重計價，新鮮是一定有的，只是價格昂貴。在我前面的兩位女士選了一條較大的魚，服務員告知價格是 60 歐元，不知有沒有聽錯？這個 60 歐元的價格有點震撼到我，心裡浮現一股異常冷靜的聲音，小聲小氣地跟自己說：我在家裡做的樹子清蒸午魚、紅燒小黃魚，或是乾煎赤宗，都是「美味無敵」的料理（自我安慰），這種「貴參參」（閩南語）的烤魚料理就不要點了……，美味不見得要花大錢才能得到。還好，我們選的菜色也沒令人失望，首先上來的醃橄欖，搭配烤得香脆的麵包風味絕佳；接著是炸櫛瓜（Kolokithakia），這是我非常喜愛的前菜；再來是主菜海鮮義大利麵與炸花枝（Kalamarakia），都是新鮮的好滋味。

🍴 **美食小檔案**

★ Sea Satin Market
地點：位在五座風車下方的海岸邊
電話：+30 22890-24676

🏠 **住宿小檔案**

★ Aether Boutique Stay
　　有接送服務，老闆夫婦非常親切，房間寬敞，雅致舒適。
地址：Glastros, Mykonos Town 84600
電話：+30 22890-77303

遺世獨立的天空之城
——梅特歐拉

天空之城——梅特歐拉

　　從米克諾斯到梅特歐拉（Meteora）的前進方式有兩種。一種是搭船或飛機回雅典，再搭巴士或火車去卡蘭巴卡（Kalambaka）；另一種是搭飛機到塞薩洛尼基，參加當地旅遊團或租車自駕前往。我們選擇第二種路線，且採租車自駕方式。在米克諾斯機場時，被愛琴航空收取兩件行李的費用 50 歐元。咦！又不是廉價航空，一件行李還要收 25 歐元，實在讓人很無奈，因為訂購機票時一個不留意，沒選到加行李費用 15 歐元的選項，到了機場收費就貴了許多（真是不經一事不長一智）。

　　1 小時的航行時間很快就抵達，在塞薩洛尼基機場與事先預約好的租車公司人員見面，到了租車公司簽妥合約事項後便出發。車子一路往梅特歐拉奔馳，遠處的山脈青翠，道路兩旁是遼闊的平原，捲得圓圓的乾草捆散置四處，點綴著這一片平鋪直敘般的風景。車子從高速公路下來，轉進鄉間的道路，四周盡是田野，房舍不多，大約是 2.5 小時的車程抵達巨岩石林下的 Kastraki 村莊。

1.2 希臘北部風光

闖入奇幻的巨岩森林

　　在希臘中部，帖薩利亞（Thessalia）平原的西北端，一大片的平疇綠野間有一個怪石巨岩突起的地方叫梅特歐拉，在希臘語中的意思為「懸在半空中」之意。當車子進入山腳下的小鎮，立刻就被赫然出現於眼前的巨岩群峰所震撼，這些拔地而立高高突起的怪岩巨石，是兩千五百萬年前的火山噴發，之後數百萬年來河流切割了平原上的山脈，經過侵蝕與風化而形成的地理景觀。陡峭且奇形怪狀的岩石是大自然的鬼斧神工，而高聳於巨岩上的古老修道院則是什麼時代的人所建造的呢？為什麼跑到這麼高的地方建築修道院？是為了躲避異教徒的絕命追殺？還是為了清心苦修？實在太不可思議了！

巨岩下的小鎮

孤絕獨立的天空之城

　　大約在一千年前，就有修士隱居此處，他們靠木梯與繩索攀爬上山，居住在天然岩洞內。11 世紀中葉，來此地的修士逐漸增加，因為強烈的宗教信仰及基本的生活需求，所以修士們聚集成為一個聚落。大約 14 世紀時就有修道院的建立，此處成為拜占庭帝國東正教中心之一，後來的修士們也為了躲避戰亂和宗教迫害，因此在岩頂上建造更多修道院。在 16 世紀鼎盛時期曾有 24 所修道院分布在這一片巨岩頂上，現今僅存 6 所仍在使用，已被列入世界遺產之中。

　　過去這裡的修士們從事艱苦的勞動工作，且嚴格遵守清心寡慾的苦修生活，藉著繩索與吊籃將一磚一瓦搬到高處，日常生活也僅仰賴這種非常原始的工具來補給用品，以及進出修道院。修士們憑著虔誠的心與毅力，建造了遠離凡俗、遺世獨立的修道院，在此閉關生活，虔心修行，或許這是他們心中所渴望、最接近上帝的地方吧！可以想像當起霧時，朦朧的雲霧在山谷中飄浮，高聳於巨岩上的修道院宛如一座獨立的天空之城，孤絕而奇幻。

巨岩上的修道院

瓦爾拉姆修道院

修道院裡的教堂

用來拉吊籃的纜繩　　　　　　　　　　一磚一瓦都是這樣運上來

　　隨著時代的改變，修道院裡只剩小部分修士居住，道路的修築讓從前與世隔絕的修道院打開大門，如今修士有車可以代步，遊客也得以驅車前來參觀。從卡蘭巴卡過去，經過 Kastraki 村莊，沿山路前行，第一個看到的是左邊岩石上有座建於 14 世紀的聖尼古拉・安那帕弗沙（Agios Nikolaos Anapafsas）修道院，再往前走是一座始建於 1388 年，約 17 世紀時才完成的羅薩努（Saint Barbara Roussanou）修道院。繼續前進到一個岔路口，往右轉過去可以抵達曾經在 007 系列電影《最高機密》（For your eyes only）中出現過的聖三一（Agios Agiatrias）修道院，以及完成於 1300 年代的聖史蒂芬努（Agios Stephanos）修道院；往左轉方向走是瓦爾拉姆（Agiou Varlaam）修道院與大梅特歐拉（Megalo Meteora）修道院。

　　即使身為現代人，要到達這些巨岩頂上的修道院，仍舊必須爬很長一段階梯，有些還必須經過高懸的小吊橋，風景當然優美，不過橋下的萬丈深谷頗令人頭暈腿軟，

修道院中庭一隅　　　　　　　　　　　　　　　　　　　　修道升天了

雙腿抖得簡直想要跪下去了，我只能祈禱：神啊！請多給我一點勇氣吧！不然我連要進入「最接近天堂的地方」都有困難。

　　14 世紀中期，隱士瓦爾拉姆曾在 Varlaam 修道院修行，他過世後此地被棄置了一段時日，直到1517年才由兩位富有的修道士兄弟整建。修道院內緊靠著懸崖處的房間，正中央有一個絞盤纏著粗麻繩，麻繩末端掛著吊籃，修士就是用這種方式運送物資上去，再以無比虔敬的信仰，加上畢生之力，完成建造在雲端之上的修道院。

　　位於海拔 615 公尺高的大梅特歐拉修道院，又稱基督變容修道院，是眾修道院中最壯觀、最具代表性，位置也最高的修道院，建於 1356 年，費時三個世紀才完工，由 14 世紀時創建此院的修士阿沙納提歐斯命名為「梅特歐拉」。從路邊的停車場走進外門，沿著坡道步行，經過起伏的步道，又穿過狹窄的山洞，再爬上陡斜彎曲的石階，才到達修道院入口。在入口處每人需收取 3 歐元的門票費，女生若是穿著無袖、短裙

廚房

從大梅特歐拉看瓦爾拉姆

進入修道院前的山洞口

或細肩帶、短褲，甚至連長褲也不行，都需要選一件修道院提供的圍巾與一片裙把自己包起來，才能進入這個神聖的場所。

通過入口進入修道院，裡面有個美麗的教堂，保存著精細的拜占庭壁畫，散發著莊嚴與肅穆的氣氛；紅瓦石牆圍著一方寬敞的院落，庭院裡花木扶疏，十分清幽。博物館內陳列許多文物，展示修道院的歷史，以及許多優美的聖像畫、珍貴的手抄本。另外還有幾個房間陳列各種用具，如建造修繕的工具、釀酒的用具、廚房等，展現中世紀時修士的生活狀況；更有一個排列得整整齊齊，保存著已經升天的修士們骷髏頭的房間。

這裡彷彿是個遺世獨立的小世界，歲月似乎在此悄悄地沉澱下來靜止不動。站在高聳於岩頂的修道院眺望四周，有如在雲端俯視紅塵俗世的一切，對面的瓦爾拉姆修道院以它孤獨之姿高懸於岩石上，眼前的山谷幽靜清新，景色如畫，足以令人忘憂。

🌿 小鎮民宿話家常

　　到梅特歐拉的旅客通常會在 Kastraki 村莊，或是比較熱鬧的 Kalambaka 住宿。Kastraki 是個寧靜的地方，我們住宿的旅店雖在街道邊，但就像鄉下人家那般清靜。旅店老闆是位 70 歲的老先生，曾經在澳洲雪梨工作多年，年紀大了就回鄉定居，與家人一起經營旅店（其實比較像民宿，因為服務人員都是一家人）。老先生見多識廣相當健談，打開話匣子就與我們聊起海峽兩岸局勢，以及他自己如何看待過往希臘與土耳其之間的宿怨，歷史的因素好像讓我們處在相似的境況中，他也相當好奇地球另一端的我們想法是如何。他還說：「旅遊業尚未興盛前的希臘，村鎮裡的人是相當保守而懼外的，外人不只是外國人，常常還包括另一個城鎮的希臘人，像我的姑母就會叫另一個村子的人為『陌生人』，也就是走在路上會被懷疑的人。」

　　旅遊業的興起漸漸讓希臘各個村鎮裡的人打開門來經營生意，外地人的來到得以增加更好的收入，但外來人的行徑往往又令人相當不快，總是破壞了原有的寧靜與單純吧！可以想像他們必定會在「歡迎光臨」與「內心抱怨」兩相矛盾的處境中度過時日。或許時至今日他們早已見怪不怪了，但這樣的情形我們聽起來是不是感覺有點耳熟？住在福爾摩莎島上的我們，最近身邊的朋友是不是有人也常常這樣抱怨呢？

入住小鎮旅店

🧳 旅遊快易通

★雅典前往梅特歐拉

・巴士：由雅典 Terminal B 搭巴士至特里卡拉（Trikala），約 5 小時車程，再轉車至卡蘭巴卡。在卡蘭巴卡可搭巴士或計程車到梅特歐拉修道院。

・火車：從雅典的拉利薩（Larissa）火車站往卡蘭巴卡。

🌾 味蕾的旅行

　　卡蘭巴卡是個寧靜的小鎮,即使市中心的街道兩邊餐館林立,仍然不失小鎮本來的可愛。我們選了一家名字就叫梅特歐拉的傳統希臘料理餐館吃午餐,坐在室外的綠蔭下欣賞卡蘭巴卡的小鎮街景。點菜時,這家餐館的老闆會請每位客人到廚房前面的大餐檯看今天的菜色,六、七個大鍋子排列在一起,裡面是燉煮好的料理,他一面介紹菜色,一面說明,鍋子裡的菜有紅豔、有橘黃、有濃綠,也有淺白色澤相間的,各種蔬菜或肉類所燉煮的料理任君選擇,這樣的點菜方式非常輕鬆而且有趣。

　　馬鈴薯燉雞腿,味道香濃,鬆軟可口;燉牛肉就像我們的紅燒肉,汁濃味足,配上米飯令人開心又滿足。儘管烹調的配料有所不同,希臘的米飯是以高湯去煮的,帶著淡淡香氣,粒粒皆分明的米飯與燉肉搭配,這時希臘菜彷彿是中國菜的兄弟那般相似,當然就非常合我們的胃口了。

卡蘭巴卡市區

在希臘的日子，我們每天都買水果，水果種類很多，像是香橙、甜瓜、西瓜、香蕉、西洋梨、綠葡萄、水蜜桃或玫瑰桃等都相當好吃。另外也買番茄與黃瓜，不用加調味料，把這兩樣切好拌在一起吃，鮮甜又多汁，再加上一人一份希臘捲餅 Gyros（約 2.5 歐元）作為一餐，省錢又省時，如此一來每天只需一餐吃餐廳就可以了。

對居住在號稱為「美食之都」、「美食天堂」的臺灣人來說，從小到大我們有各式各樣的美味料理與街頭小吃可滿足食慾，一旦出國去旅行，身在外國時會用什麼樣的心態看待異鄉的料理呢？希臘料理的樸素實在，或許很難與臺灣豐富多元的飲食風味相比，但是我樂意以開放接納的態度去品嘗異國料理，了解不同文化的飲食特色，讓食物的味道連結旅途裡的地區或城市記憶。

一鍋鍋的燉菜

馬鈴薯燉雞腿

希臘沙拉

燉牛肉配米飯

 **美食小檔案**

★ Meteora

地址：Central Square of Kalampaka 4, Kalampaka

網址：www. meteora-restaurant.gr

住宿小檔案

★ Hotel Sydney

地址：Kastraki, Kalambaka, 42200

電話：+30 2432 023079

網址：www.kastrakisydneyhotel.com

旅遊快易通

　　六座修道院對外開放的時間各有不同，周休日也各自不一樣，在不同的季節會有所調整，須向旅館或當地的旅遊服務中心詢問確認。

修道院開放時間

修道院	開放時間	公休
Megalo Meteora	09:00 ～ 17:00	周三
Varlaam	09:00 ～ 16:00	周五
Roussanou	09:00 ～ 17:45	周三
Agios Nikolaos	09:00 ～ 15:00	周二
Agios Agiatrias	09:00 ～ 17:00	周五
Agios Stephanos	09:00 ～ 13:30、 15:30 ～ 17:30	周一

進入修道院參觀通常會收取 3 歐元門票費。

自己去廚房看菜色

亞歷山大大帝的
出生地——佩拉

每位偉大的人物都有一個傳奇故事，甚至還有不少傳説。神話裡的英雄海克力斯（Heracles）就是傳説中亞歷山大大帝的祖先。

英雄出少年

自古英雄出少年，關於這樣一位人物，希臘的史學家迪奧多拉（Diodor）就讚嘆他是一位空前絕後的英雄。亞歷山大只花了短短十二年的時間，就超越了古今歷史上的任何一位君王，以過人的智慧與膽識，征服了整個希臘，甚至到達亞洲，他的英名遠播，獲得了古代英雄和神祇才有的稱號。他究竟是一位偉大的開創者，還是一個從不知滿足、到處東征西討的嗜血野心家呢？歷史學者們當然有不同的看法與評價。

亞歷山大於西元前 356 年 7 月 20 日，誕生在佩拉（Pella）的皇宮中，他的父親是馬其頓國王菲力普二世（Philipp II）。當時的馬其頓是位在希臘北方，

亞歷山大雕像

叫做奧林普（Olymp）的一個肥沃丘陵地，首都是埃蓋（Aigai）。

　　他們生活在一片寬闊茂密的森林國度裡，騎馬打獵或上戰場殺敵是男子漢英勇的表現。精明能幹的菲力普二世引進希臘的文化，同時建設城市，在其領導下統一了周邊的小國，然後將首都遷至佩拉。

　　少年亞歷山大在思想家亞里斯多德的教導下，並且從《伊里亞德》史詩中得到薰陶，建立了未來的志向，自小就以神話英雄為榜樣，立志要超越祂們的豐功偉業。在父親的調教下，他受到相當嚴格的鍛鍊，成為父親的得力助手。菲力普二世國王在穩定了政局後不久遭到暗殺，20 歲的亞歷山大繼承了王位，這位年輕的君王善用策略，鞏固城邦聯盟的主導權，征服了埃及，在地中海邊建立亞歷山大城，並且橫渡博斯普魯斯海峽，展開世界霸權的征戰，不僅收服了波斯帝國，最後還到達了他所知道的世界盡頭亞洲，隨著他的足跡將希臘的文化與精神廣為傳播，進而開創了一個兼容多元文化的嶄新格局。

馬其頓之都

　　今天我們在希臘的北方還可以看到馬其頓王國的遺跡，現今的維吉納（Vergina）是佩拉興起之前的首府埃蓋所在，也是皇陵所在之處；佩拉遺跡位於往埃迪薩（Edessa）的途中，我們從卡蘭巴卡開了兩個多小時車到離佩拉遺址約 20 公里的地方投宿，感覺是有點「前不著村，後不著店」的鄉下小地方。從這裡再往佩拉方向開去，車輛不多，所經之處就是一片農田與郊野，最後車子開到村莊屋舍後面的路邊，才找到佩拉遺址所在。

　　佩拉是西元前 4 世紀後期到前 2 世紀時期的重要都市，因為靠海的地理位置，不管海路或陸路都方便與其他區域聯繫。另外，從早期青銅器時代就有許多移民到此居

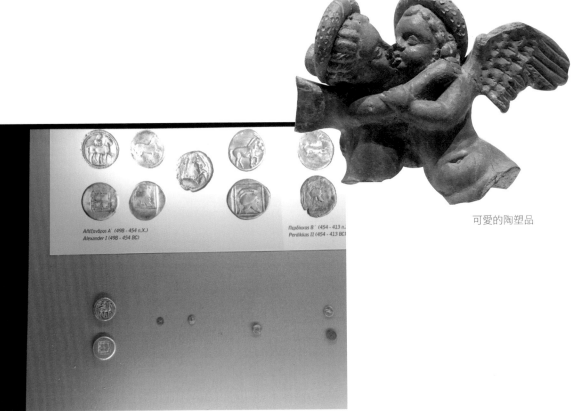

可愛的陶塑品

馬其頓王國的錢幣

住，從這裡的墓葬出土物就可知道當時的居民生活狀況。佩拉遺址南北長約 2.5 公里，東西寬約 1.5 公里，有神殿、市集和住宅等建築。兩個較大的神殿，在市集北邊的是眾神之母及阿芙羅黛蒂神殿，為城市的守護神，在西南邊的是醫神達隆（Darron）神殿，另有一個在東北方較小的是農耕之神狄米特（Demeter）神殿。我想到臺灣也有大廟供奉神明，像行天宮、龍山寺、保安宮、媽祖廟，但是也有小廟供奉土地公、土地婆，眾神一起來保佑國泰民安、風調雨順。原來，古時候的亞歷山大大帝他們也一樣嘛！

　　古代佩拉城市的規劃呈方格子狀，中央大道可直通港口，大馬路寬約 9 公尺，飲用水及地下水道系統設施良好，是以石頭或陶製的管線鋪設，以保持水源乾淨，還有公共浴室，私人宅邸亦有浴室，皆有地下的加熱設施。皇宮在北邊山丘上，大部分房屋有中

佩拉遺址

庭，周圍是多立克柱環繞，地板為精緻的馬賽克圖案，牆壁有繪畫裝飾，畫作表現方式與龐貝城類似（可見龐貝城的建築風格源自於此），現在的遺跡只殘存地基而已。

博物館在考古遺址的東北，也就是當地居民村落的東邊，館內的資訊區有照片、地圖、遺址模型，提供參觀者理解佩拉的歷史背景、地理環境及發掘過程。展示區裡可見當時的各種出土物，像是屋瓦上有城市的徽記、馬其頓國王和亞歷山大所發行的錢幣，還有陶器、鐵器及金飾等。佩拉的墓葬有各種式樣，如岩棺、瓷磚包覆的棺木、陶甕等，透過這些文物可以與遺址的斷垣殘壁相互呼應，了解當時馬其頓首都的居民生活。

展示大廳裡有從宮殿移來的精緻馬賽克鑲嵌地板，其中「獵獅圖」裡俊美青年英勇的獵獅之姿，不禁讓人聯想──那就是當年的菲力普二世站在他的皇宮裡運籌帷幄，成為希臘世界盟主的地方吧！而亞歷山大也是在此立下志向，從這裡出發去征服世界的。

馬賽克鑲嵌的獵獅圖

佩拉的出土文物

柱頭的形式

 ## 繁華落盡

　　亞歷山大的英名誰人不知，但曾經叱吒風雲的帝王盛世呢？眼前的這片遺址似乎沒有什麼遊客，門前冷落車馬稀的景況令人驚訝，博物館的門可羅雀亦令人感到冷清，輝煌一時的英雄威名如過眼雲煙，歷史總是很殘酷的顯示它的變與不變。現在的佩拉依然是一片廣闊的平原，只是繁華早已不再，昔時的繁榮興盛如今怎麼是一片荒涼？滄海桑田，眼前只有幾處村舍人家，平凡到讓我們以為走錯路。自古英雄多寂寞，舊時王謝堂前燕，早已飛入尋常百姓家。

繁華落盡的佩拉

亞歷山大臨死前的三個遺願

亞歷山大是一位偉大的國王，在他完成多次征戰、收服了許多王國後，就在帶著勝利返回的路途中病倒了，此時面對病痛的折磨與死亡的威脅，所有曾經光榮的勝利與所得到的廣大領土，甚至手上的權利與財富對他來說已無任何意義。他對身邊的將領說：「我將要離開這個世界，我有三個遺願，請你們照我交代的去做。第一，我的棺材必須由我的醫生運送回去。第二，棺木運往墳墓的時候，在墓園的道路上請撒滿我寶庫中的金銀財寶。第三，把我的手放在棺木的外面。」

亞歷山大身邊的將士們心中充滿不解與好奇，但無人敢問他為什麼要這樣做，最後由一位他最信任的將軍開口問他，亞歷山大回答：「我想要世人明白我得到的三個教訓，第一，是要世人知道世上最高明的醫生也不可能治好所有的疾病，面對生死醫生亦無能為力。第二，要告訴世人不要像我這樣，花費所有的精力與生命去追求財富與權利，得到世界卻失去生命。第三，讓人明白世人皆是兩手空空來到世界，也是兩手空空離開世界。」

旅遊快易通

★佩拉遺址與博物館

開放時間：周一 10:00 ～ 18:00、周二至周日 08:00 ～ 20:00（6 月 1 日到 10 月 31 日）；
周一至周日 09:00 ～ 16:00（11 月 1 日到 5 月 31 日）

套票：6 歐元

網址：odysseus.culture.gr/h/3/eh351.jsp?obj_id=2399

住宿小檔案

★ Assembly Hotel
服務佳。

地址：17th km Thessalonikis – Edessis Anchialos, 5700

網址：www.assemblyhotel.gr/home?&lang=en

佩拉遺址

馬賽克鑲嵌地板

希臘第二大城——
塞薩洛尼基

城市裡的拜占庭教堂

　　Thessaloniki，舊的譯名叫帖薩羅尼加，一個與亞歷山大息息相關的城市。它是希臘北部最大的城市，也是東南歐主要的交通樞紐，以擁有大量拜占庭、鄂圖曼土耳其帝國及猶太人的建築而知名。

　　希臘的北部曾經是許多種族進出的地方，它曾是古時馬其頓王國的城市，亞歷山大從這裡出發往東征戰。城市之名來自馬其頓國王卡山德（Kassander），他在西元前 315 年建立了這座城市，以妻子（亞歷山大同父異母的妹妹）的名字來命名。馬其頓衰落後，塞薩洛尼基取代了佩拉，當時已發展成重要的貿易商業中心，有道路連接君士坦丁堡，便於發展歐洲與亞洲的貿易。當羅馬帝國分裂為兩部分後，塞薩洛尼基為東羅馬帝國所控制，重要性僅次於首都君士坦丁堡。

海岸邊的現代化建築

　　10 ～ 12 世紀時是這個城市的黃金時期，繁榮的商業帶來藝術的興盛，留下了許多精緻的鑲嵌工藝。1430 年後被鄂圖曼土耳其帝國占領，城市裡居住了許多穆斯林及由他處移民來的猶太人，接著還有希土戰爭後從土耳其被驅離的大批希臘人來此居住。希臘的獨立抗爭過程十分艱辛，戰爭使希臘陷入內部分裂，人民飽受摧殘窮困不堪。1823 年簽訂的合約終止了土耳其與希臘間的戰事，兩國同意做一項大規模的人口交換，將住在希臘的五十萬穆斯林遷居土耳其，交換住在小亞細亞的希臘人。大批的希臘族裔被迫離開世代居住的家園，遷徙移回陌生的「祖國」，塞薩洛尼基在當時就有「難民之都」之稱，許多不同民族的文化先後在此交融形成這個城市的特色。現代土耳其的國父穆斯塔法・凱末爾・阿塔圖克出生於 1881 年 5 月 19 日，當時還是鄂圖曼土耳其統治下的塞薩洛尼基。

🌿 歷史記憶，難民悲歌

電影《希臘首部曲：悲傷草原》敘述 1921 年時，一名美麗的少女為躲避俄國紅軍內戰，跟隨一群希臘移民逃回希臘，從希臘與保加利亞的邊境湖區輾轉來到了塞薩洛尼基，卻從此開始一生的漂泊。兩次世界大戰的蹂躪使希臘又陷入被侵略的命運，烽火的歲月耗盡了她所有的青春，塞薩洛尼基的海岸是她與摯愛丈夫離別之處，戰爭中她被關進監牢，從牢中釋放出來後卻與雙胞胎兒子死別，她一生的流離失所反映了那一代人的離散人生與悲傷記憶。

🌿 城市漫遊，古蹟巡禮

塞薩洛尼基是最早的基督教傳播處之一，也是一個典型的拜占庭城市，所有的古蹟都散布在高樓林立的城市之中，舊市區裡有羅馬遺跡，拜占庭教堂及土耳其建築；繁忙的交通幹道邊仍然可見殘存的羅馬及拜占庭時期城牆，原有的許多伊斯蘭教寺院及尖塔在 1917 年時被大火燒毀殆盡，現在還保留的一個土耳其公共澡堂（Hamam），周邊已成為居民的露天市場及花市。

土耳其澡堂

聖底米特奧斯教堂（Agios Dimitrios）在舊市中心街上，它是城市的守護者底米特奧斯殉道之處，教堂為 5 世紀時所蓋，二度被大火燒毀，於 20 世紀初重建。圓形教堂（Rotonda）是少數僅存的圓形羅馬式建築之一，最初以加萊里烏斯皇帝陵寢之名於西元306 年興建，但這位帝王戰死沙場，遺體未曾送回塞薩洛尼基，後來基督教勢力擴大，這棟建築轉而成為教堂，鄂圖曼土耳其帝國占領後曾經被改為清真寺，喚拜塔至今仍保留著，這是塞薩洛尼基最古老的建築之一。加萊里烏斯凱旋門（Arch of Galerius）是為紀念加萊里烏斯凱薩（Caesar Galerius）擊敗波斯人而建，凱旋門的浮雕刻著當年戰役情景。聖索菲亞教堂是 7 世紀時的圓頂建築，象徵蒼穹的圓頂貼著耶穌升天故事的鑲嵌壁畫，這些早期基督教和拜占庭藝術已被列為世界遺產。

海邊的白塔（White Tower）是城市的地標，建於 15 世紀鄂圖曼統治時期，當時為一座監獄，1826 年時蘇丹的禁衛軍叛變，在此遭到殲滅，白塔變成了「血塔」，後來幾度更名來洗刷那一段慘澹的過往。現在白塔內部已作為博物館，展示城市的歷史，而白塔周圍綠地如茵，海面船隻點點，風景優美，是民眾休閒散步的好去處，碼頭邊有船可供旅客搭船出遊，在海上欣賞風光。靠海的 Nikis 大街沿著海岸而建的是一整排比鄰相連的高樓，餐館和咖啡館林立，當夕陽西下時，這裡坐滿了人，每間餐館與咖啡館都高朋滿座，

圓形教堂

非常熱鬧，一點也感覺不出經濟危機的樣子（在雅典時還有看到少數抗議人士聚集在公家機關門前，但這裡卻嗅不到絲毫不景氣之感）。

　　21 世紀的塞薩洛尼基為巴爾幹半島的貿易中心，也是希臘北方的出入口，據說塞薩洛尼基是全希臘穿著最時尚的城市，此地的精品店與百貨公司確實很多。市區裡有三條平行的主要幹道，Dimitrios、Egnatia、Tsimiski，主要的景點大多都在這個範圍內，繁華的 Tsimiski 大街這一帶商店林立，非常適合逛街購物，若恰逢每年 7 月份換季折扣期，各種歐美品牌都在拍賣，可以趁機採購一番。

　　希臘人樂在享受生活，做事情慢條斯理，馬路上的紅綠燈似乎是僅供參考，過馬路的人沒在怕，開車的人要自己小心為上。等巴士沒人在排隊，車來了要各憑本事，所有的人爭相上車，公平原則或遵守秩序的概念對希臘人來說好像是過於拘泥那般，一切必須靠自己隨時「努力把握」才行啊！年輕人也沒在敬老尊賢、禮貌讓座的，還好一般老百姓倒是樂意幫助外來遊客。一旦到了大城市，不管是在哪個城市，冷漠或許是諸多城市共有的產物，就算向來把「好客」視為美德的希臘傳統，在觀光旅遊興盛的商業運作之下，都市裡的人情味似乎已消失無蹤了。

聖索菲亞教堂

1.2 加萊里烏斯凱旋門

加萊里烏斯凱旋門上的浮雕

白塔

味蕾的旅行

　　星期日的下午天氣炎熱，商店大多數是關門休息的，路上顯得有些空蕩蕩，街道駛過的車輛不多，有些寂寥，在市區繞了一圈，看了幾個教堂與古蹟後回旅館休息。

　　傍晚 8 點多太陽下山，晚風還帶著些許熱氣，沿著海邊的步道走，人群越來越多，酒吧裡坐滿了人，好像這個城市是屬於夜晚的。晚餐點菜時因為看不懂希臘文的菜單，請老闆為我們解釋一下，點了沙拉、烤肉腸及雞肉串燒，老闆推薦了某種前菜，他說很難解釋，請我們乾脆直接吃吃看，菜來了才知原來是雅典料理課老師教過的茄子泥及蒜味優格黃瓜泥，很適合用麵包沾來吃。優格在希臘不當飲料、也不當甜點，優格黃瓜泥是首先上來的一道前菜；烤肉腸用細絞肉混合了香草調料，做成長條形狀的燒烤料理，味道柔和，口感軟嫩；雞肉串燒搭配燉飯是基本款菜色；飯後送來三支小雪糕為晚餐劃下美好句點。這種菜色感覺就像土耳其式燒烤料理，想當然耳是因為此地曾被鄂圖曼土耳其統治過的緣故。

　　希臘和土耳其像是一對有恩怨牽扯且家務事理不清的冤家，兩國在古時就互有貿易往來，加上鄂圖曼土耳其帝國的統治長達四百年之久，可想而知土耳其飲食文化對希臘的深遠影響，許多食物其來有自，有所沿襲。像芝麻圈麵包、鷹嘴豆泥、茄子泥或烤肉串燒，還有米布丁及蜂蜜核桃派，都是這兩個國家常見的食物。用來配麵包的沾醬有多種口味，茄子泥最為常見，雖然承襲了土耳其飲食的烹調方式，但是口味上卻同中有異。即使飲食方式看起來有些類似之處，然而屬於不同民族與不同宗教的雙方，還是各自有自己的歷史傳承。

美食小檔案

★ Dinner 21
電話：+30 2310-220956

住宿小檔案

★ Le Palace Art Hotel
　　交通很方便，房間非常舒適。
地址：12, Tsimiski Street, Thessaloniki, 54624
電話：+30 2310-257400
網址：www.lepalace.gr

旅遊快易通

· 從雅典前往塞薩洛尼基可搭乘飛機，約 50 分鐘；或是搭乘巴士，約 7 小時 30 分鐘。
· 若想要參加塞薩洛尼基 walking tour，可上網站預約（www.thessalonikicitytours.com）。

沙拉

海邊的餐館、咖啡館林立

烤肉腸

雞肉串燒

料理是最有味道的紀念品

　　作為遊客，來到希臘旅行不免會被許多商店裡五花八門的紀念品或特產所吸引，旅途中想要享受購物的樂趣，帶回一些有當地特色的紀念物算是合理的期待，但最好避免因大肆採購而行李過重，或是荷包失血過多，造成過度的浪費。把學會的料理當作是一件有意義的紀念品，旅行結束後，偶爾重溫一下這些美味，拿出事先準備好的茄子沙拉與蒜味黃瓜優格醬搭配蘇打餅乾，與家人或好友來個小小的希臘風味下午茶，為生活創造一點新鮮的樂趣吧！或者，在節日時做個希臘沙拉與燉烤羊肉，就可以輕鬆與家人一起用餐，共享歡愉的氣氛。

異國料理輕鬆做

　　中西烹飪方式很不同，中式料理講究火候，多半需要待在廚房裡現煎或快炒，紅燒的菜也要隨時掌控時間，而且菜要趁熱吃才美味，因此掌廚者很難與賓客（或家人）一起上桌聊天。西式料理很多是能夠事先準備的，以烘烤的方式料理，主人也可以輕鬆接待客人。因此有時我喜歡以這種能夠先準備好的方式輕鬆上菜，讓自己享受做料理的樂趣。

🍴 茄子沙拉

材料：

圓茄 2 個，烤過且去皮／煮熟的馬鈴薯 1/2 個／大蒜 1 或 2 粒，磨成泥／檸檬 1 個，擠汁／鹽和胡椒／橄欖油 5 大匙／巴西利香菜 1 株，切碎

作法：

❶ 圓茄以刀子插幾個洞，放在有孔洞的鐵盤上，在瓦斯爐上烤軟（或是放入烤箱烤熟，差別是烤箱烤的少了煙燻味道）。軟熟的茄子以刀子直的切開，用湯匙刮取茄肉，請小心不要把焦化的皮也混在一起。

❷ 將所有材料（除了巴西利香菜）打成泥，放入碗中，並撒上切碎的巴西利香菜裝飾。

🍴 蒜味黃瓜優格醬

材料：

希臘優格 2 盒／大蒜 4 粒／小黃瓜 1 根／橄欖油 5 大匙／醋 2 大匙／新鮮蒔蘿適量／鹽

作法：

❶ 用刨絲器將小黃瓜刨成絲，切成小丁，把所有的水分擠乾。

❷ 把大蒜和蒔蘿切成末，將所有材料放入優格裡，加入橄欖油及醋，混合均勻，放入冰箱冷藏 1 小時，使所有味道融合後食用，也可準備麵包或蘇打餅乾搭配著吃。

茄子沙拉與黃瓜優格醬

🍴 希臘沙拉

材料：

番茄 1 個／小黃瓜 1 根／青椒半個／紫洋蔥半個／黑橄欖 5 個／ Feta 起士 1 塊／奧力岡香料少許／橄欖油適量／鹽少許／續隨子（Capers）少許

作法：

將番茄、小黃瓜切塊，青椒與洋蔥切絲放在碗裡，Feta起士放在最上面，黑橄欖與續隨子平均分布，撒點鹽，淋上橄欖油即可。

希臘沙拉

🍴 燉烤羊肉

材料：

羊腿肉一大塊／馬鈴薯 1 公斤／大蒜 3 瓣／月桂葉 2 片／迷迭香與奧力岡／檸檬 2 或 3 個，擠汁／鹽與胡椒／橄欖油 1 杯／白酒 250 公克

作法：

❶ 將羊腿肉放在一個大陶鍋中，馬鈴薯去皮切厚片或塊狀，也放入鍋裡。

❷ 將檸檬汁、橄欖油、白酒、鹽、胡椒、奧力岡放進去，浸泡 3 ～ 5 分鐘並按摩羊肉，然後加入大蒜、月桂葉和迷迭香。蓋上蓋子，烤箱以 200℃預熱後，放入烤約 2 ～ 3 小時。

燉烤羊肉變奏版

材料：

豬梅花肉約 500 克／馬鈴薯 5 個／大蒜 3 瓣／月桂葉 1 片／迷迭香與奧力岡（可在超市
買義大利綜合香料，用量約 1 大量匙）／檸檬 1 個，擠汁（怕酸者取 2/3 的量即可）／
鹽與胡椒約 1 小匙／橄欖油半杯／白酒 120 公克

作法：

為了取材方便容易準備，我將羊肉
改成豬肉，在家裡很輕鬆的做了這
道菜。豬肉用刀尖戳幾下，讓抓
醃按摩時易入味，材料全部放進鍋
裡，簡單的兩個步驟就可以將它放
入烤箱烤約 2.5 小時，不僅省時省
力，又有大家一起享用的快樂。

在家做燉烤豬肉

橄欖油做的甜點

　　希臘人的生活不能沒有橄欖油，一日三餐必有橄欖及橄欖油，這好像我們愛吃
米飯的人，一日不可無飯，無飯令人愁呀！我們愛吃白米飯，除了當作主食，還會
拿來做很多甜點，像麻糬、紅龜粿、龍眼米糕、年糕、湯圓……（糯米也是米吧）；
豬油也會拿來做甜點，像芋泥八寶飯、豆沙粽，那麼橄欖油做甜點如何？不妨動手
做做看吧！

橄欖油橙香蛋糕

材料：

蛋 2 個／細砂糖 200 公克（若不想太甜可減量，約 160 公克即可）／低筋麵粉 200 公克／橄欖油 1/2 杯／牛奶 1/2 杯／柳橙 1 個，取 2/3 的橙汁與橙皮泥（柳橙洗乾淨，以磨泥器將最外層黃色的橙皮磨下來，然後擠出橙汁）

作法：

1. 蛋與細砂糖一起打發，呈淺黃的顏色，看起來有點稠稠的。加入橄欖油、牛奶、橙汁與橙皮泥打勻。

2. 將低筋麵粉過篩加入，然後輕輕拌勻，倒入蛋糕模中。

3. 烤箱預熱 10 分鐘，然後以 170℃ 烤約 50 ～ 60 分鐘。

試吃報告：

這種沒有奶油、也不加泡打粉的蛋糕最天然健康，但到底味道如何呢？材料的準備很簡單，作法亦不複雜，很容易就可完成。蛋糕烤好時我用一支細竹籤插一下看看有沒有沾黏，若沒有就是完全烤熟了。接下來試吃看看，蛋糕的表皮香脆，裡面則是較為溼潤密實的口感，吃在嘴裡散發出橙香，很秋天的顏色，很清爽樸實的滋味。沒吃完的蛋糕隔天可微波一下，熱的更好吃。

橄欖油海綿蛋糕

材料：

蛋黃 4 個／蛋白 5 個／細砂糖 60 公克／低筋麵粉 100 公克／橄欖油 40cc
／柳橙汁 70cc，橙皮泥 1 小匙

作法：

①蛋白打發（以高速打約 6 分鐘），備用。

②用另一個容器將細砂糖與蛋黃打發（以高速打約 3 分鐘）。加入橄欖
油，低速混勻，再加入橙汁及橙皮泥，低速混勻，然後篩入低筋麵粉，
略攪一下，以低速混勻成為麵糊。

③拿 1/3 的打發蛋白與麵糊輕拌混勻，再將其餘打發蛋白一起拌勻，倒
入蛋糕模中。

④烤箱預熱 10 分鐘，然後以 170℃烤約 55 分鐘。

試吃報告：

跟「橄欖油橙香蛋糕」相比，橄欖油海綿蛋糕口感較鬆軟柔細，橙香味
較淡，但也算好吃。若想要口感更豐富可以在蛋糕上撒點糖粉，再搭配
一點打發鮮奶油，我是用自己熬煮的蜜橙皮切絲來搭配，再放一點新鮮
藍莓或其他水果。當廚房裡飄散出烘焙蛋糕的香氣時，便預告了一段與
家人談天說笑的幸福時刻來到。

PART 4

特產篇：
購物狂的
異想世界

希臘之旅歡樂購

愛琴海主題紀念品

到希臘旅遊，對喜歡採買特產或紀念品的人來說，是一件開心的事情，不管是大都市，或是各地的觀光勝地，都有大大小小的商店展售著各種希臘風格的紀念品，逛著逛著就會陷入難以自拔的購物狂世界去了。對於購物這件事，理性的人可以說：「出門旅行著重在心靈的感受，不要分心在血拼採購紀念品上，這樣花時間又傷荷包，買到的東西也不一定實用，紀念品往往最後成為占用空間的無用品。」但是對普羅大眾來說，採買一些紀念品或實用好物分送親朋好友也是人之常情，適時分享一點土產特產，收到禮物的人一定可以感受到送禮者的心意。

服裝飾品/
仿古文物紀念品

先來看看首都雅典的名店街，這裡的門面與規模最大，樣式新穎時髦、受歡迎的當紅西班牙服飾品牌 ZARA 就有兩家，也有 Benetten、Bershka 及 Pull and Bear 等年輕人喜愛的服飾店。此外，各大城市都有門市、臺灣的百貨公司也設有專櫃的希臘品牌 Folli Follie 是年輕族群喜愛的時尚飾品店，還有一家百貨公司 Hondos center。

在布拉卡區這一帶有各種服飾店與紀念品店，希臘是個文明古國，有許多古文物的複製品，像是仿古陶藝品、雕塑品之類的紀念品，可以讓文物迷盡情選購。

琳瑯滿目的紀念品　仿古文物紀念品

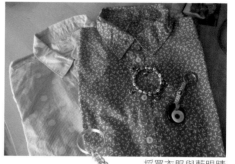
採買衣服與藍眼睛

藍眼睛

藍眼睛/皮革製品

另外，大街小巷紀念品店都有的「藍眼睛」，是深受各國遊客喜愛的特色小物，這種在希臘與土耳其都見得到的飾品，據說有驅逐惡魔的避邪功用，可以掛在車上、門前或屋子裡，拿來掛在背包上當裝飾也不錯。藍眼睛除了製成各種大小尺寸的吊飾，也有項鍊、手鍊、鑰匙圈等可供選擇。另外，皮革製品也是有名的特產，街道上不時可見擺掛著手工製作的涼鞋與皮包，樣式簡單的平底涼鞋很有歐洲度假風。

皮革製涼鞋

橄欖油與橄欖油製美容沐浴用品

　　克里特島以品質極佳的橄欖油與蜂蜜出名，還有各類瓶裝的醃漬橄欖，但攜帶不易。可以考慮選購橄欖油製造的香皂或護手霜，橄欖油製造的天然香皂有清潔肌膚及保養功效，商店裡有一塊一塊的包裝，有些則再配上小巧的風車、愛琴海風景之類的可愛磁鐵，精美又別致，價格大約是 2.5 歐元，很適合買來當作餽贈親友的紀念品。天然海棉也是希臘愛琴海的特產，可以用於沐浴，有清潔及去角質功效，各個小島的商店都有販售。另外，繡著橄欖枝圖案的大小毛巾亦是很有希臘風的實用小物。

可愛伴手禮

各種希臘特產

克里特島的橄欖油及各式商品

愛琴海風景主題紀念品

希臘各個小島的紀念品當中，以愛琴海浪漫風景製成的紀念品最令人愛不釋手，有陶土製作的浪漫小屋、各種風景磁鐵、風景相框，或是各種尺寸陶板製成的風景畫等，都極具特色。聖托里尼島的藍與白風景印製的明信片或月曆最吸引人，名家鏡頭下的美景，將剎那之間的美化為永恆記憶，這種紀念品不會摔碎，很值得收藏。

伊亞的飾品店

愛琴海主題紀念品

小島的紀念品店

令人愛不釋手的裝飾品

聖托里尼的特色商品

愛琴海美景陶藝品

手工銀飾／紅銅杯壺

　　銀飾也是很受遊客喜愛的紀念品，雅典街頭或愛琴海小島的市中心有不少這種商店，我最喜歡逛納克索斯島上的城堡區，巷弄裡的飾品店樣式獨特，非常漂亮，我在某一家藝廊裡欣賞了許多雕塑品後，挑選了一個當地藝術家的手工飾品。

　　另外，在雅典料理課看到老師用一個紅銅色的杯子裝葡萄酒倒給大家喝，我在城堡區的小店裡看到三種尺寸不同的這款杯子，小的杯子價格約 4 歐元，立刻就買了一個當作紀念品。還有一種煮希臘咖啡的銅壺，它有較長的握柄，將磨得很細的咖啡粉與糖放進壺中，加入熱水，擺在爐子上煮沸，然後倒進咖啡杯裡。雖然這種連粉帶渣的咖啡喝起來沒有義式咖啡那麼受我青睞，但這種小紅銅壺倒是深得我這個杯子迷的喜愛，所以也買了一個做紀念。

　　其實我心裡暗想：這種小銅壺買它三、五個，不一定要用來煮希臘咖啡，拿來種些藤蔓植物或小花草，當作掛牆上或放桌上的綠色盆栽也是很不錯的用途。念頭閃過但是沒有立刻加碼再買，因為還有旅程要走，不想讓行李負荷過重，並且也不想讓購物慾望淹沒自己，適度節制是必要的。

納克索斯城堡區的銀飾

納克索斯城堡區的藝廊

紅銅咖啡壺

希臘咖啡

Discover our
Art Jewelry
Collections

納克索斯城堡區的藝廊海報

裝葡萄酒的杯子

蜂蜜／葡萄酒與茴香酒

　　蜂蜜或葡萄酒、茴香酒（Ouzo）也是希臘的特產，對從古至今喜歡飲宴與舉行慶典的希臘人而言，蜂蜜及酒一直被視為是神明所賜予的禮物。希臘為栽種葡萄樹歷史最悠久的國家，許多酒莊都生產品質很不錯的葡萄酒，其中以聖托里尼的葡萄酒最為知名。茴香酒是一種經過蒸餾而成，酒精濃度高達 40％的酒，原本為透明純淨，加了水後會轉而成為乳白且混濁的顏色，帶有八角的香味，希臘人喜歡搭配醃橄欖或 Feta 起士等小菜下酒。來到愛琴海小島，不妨找機會嘗嘗看。

蜂蜜

果醬、醃橄欖、葡萄酒等特產

🌿 東正教宗教畫

希臘是信奉東正教的國家，教堂的壁畫通常就是以宗教故事和聖者肖像作為題材繪畫，這種宗教風格的繪畫顏色鮮明、線條簡潔，畫風帶有莊嚴優雅及神祕感，一般人家裡也會掛著這樣的宗教畫。在克里特島或梅特歐拉等地都可以買到。

各式東正教宗教畫

東正教宗教畫

PART 5

番外篇：
我的伊斯
坦堡廚房

奇幻迷人的千年古城
——伊斯坦堡

　　希臘與土耳其在地理上相近，只隔個愛琴海；在歷史上，也有許多交疊與糾葛。古名為君士坦丁堡的伊斯坦堡，地處東西交會之處，橫跨歐亞兩個大陸，博斯普魯斯海峽緊鄰著馬爾瑪拉海，金角灣則往內伸入歐洲側，在將近兩千年的歲月裡，它曾經是拜占庭帝國與鄂圖曼土耳其帝國的權力中心。城市裡尖塔林立，清真寺、教堂與宮殿訴說著過往的歷史，東西方兩種不同的宗教與文化在此交織出獨特風情。至於融合了中亞、中東與地中海特色的土耳其料理，則與中國、法國並稱世界三大菜系。

鄂圖曼宮廷飲宴圖

伊斯坦堡的藍色清真寺

清真寺內的夢幻藍

東方快車伊斯坦堡的
錫爾克吉車站

老城區裡的帝國風華

遊客來到伊斯坦堡，通常都是從老城區——蘇丹阿何密特區（Sultanahmet）開始，幾乎重要的古蹟與景點都在這裡。這個已列為世界遺產的歷史區裡，有聖索菲亞教堂（Aya Sofya）、藍色清真寺（Sultanahmet Camii）、托普卡比皇宮（Topkapi Sarayi）等昔日皇室貴族活動的地方。

聖索菲亞大教堂

聖索菲亞教堂是拜占庭建築的最高傑作，西元562年建成時為當時世界上最大的建築，1453年5月29日君士坦丁堡被攻陷，自此改為鄂圖曼帝國的清真寺。紅色的外觀與巨大的圓頂，還有兩旁的喚拜塔高聳，至今仍顯現著雄偉非凡的氣勢。當年蘇丹也為其美麗所震懾，下令保留此教堂，改變內部裝飾，在聖索菲亞教堂的舊有結構中增加了鄂圖曼的圖騰風格——現在基督聖像等馬賽克鑲嵌畫，以及書寫阿拉真主或先知名字的大圓盤等兩教共存的樣式，成為最獨特的景觀。

兩教共存　拱頂上的黃金鑲嵌基督聖像

與聖索菲亞教堂相對的藍色清真寺完成於1616年，擁有世間絕無僅有的6座喚拜塔。它得名於寺內的伊茲尼克藍色瓷磚，光線透過穹頂下的260個小窗，映照在精緻優美的藍綠及紅色花紋瓷磚上，散發出清幽柔美的光影，寺內鋪滿地毯，讓許多虔敬的心靈得以在此沉靜地與神對話。

伊斯蘭教的阿拉伯字大圓盤　　　　聖索菲亞教堂

黃金鑲嵌畫

向聖母獻上聖索菲亞的壁畫

擁有六根喚拜塔的藍色清真寺

托普卡比皇宮大門

御膳房

　　藍色清真寺旁有一塊長形空間，在拜占庭時代的君士坦丁堡和羅馬帝國的都城一樣，有著一座競技場，到了鄂圖曼時代變成蘇丹與貴族們賽馬娛樂的場地，現在則是遊客與市民休閒的廣場。廣場上矗立著三座紀念碑，各是紀念拜占庭帝國興盛輝煌的時代。離此處不遠的地下宮殿原是羅馬時代的蓄水池，成排如林的石柱在水中矗立，宛如一座神祕巨大的地下宮殿。

　　托普卡比皇宮是大約450年鄂圖曼帝國的36位蘇丹所居住的權力中心，整座皇宮位在制高點的山丘上，由海面及陸地城牆圍繞起來，坐看金角灣，遠眺博斯普魯斯海峽。由最外圍的城門走進來，第一進的庭院是精銳的禁衛軍操練之處，過了第二道門就進入蘇丹的生活住處，議事堂、御膳房，以及後宮入口在此。皇宮內院裡的後宮可說是宮內之宮，牆內之牆，裡頭住著宦官與最內圍的妻妾嬪妃，廳堂的裝飾精緻華麗無比。在第三道門之後是謁見廳、圖書館、服飾展示室、寶物收藏室、聖物室與精緻畫展示室。最後方的皇宮深處是第四庭院，美麗的樓閣亭臺分布其中，風景非常優美。托普卡比皇宮無疑可說是鄂圖曼帝國文化與藝術美學的精華。

後宮

遊逛古老市集

舊城區另一個不能錯過之處是有頂大市集與香料市場，這個 1460 年就有的大市集至今依然熙來攘往，各種銀器器皿、手工藝品、珠寶飾品、絲巾披肩或皮衣皮包，琳瑯滿目，一間接著一間金光閃閃的黃金飾品店最令人印象深刻。鄂圖曼商人擅長經商，大市集裡的現代土耳其商人個個都能說數種語言，甚至連閩南語也聽得到喔！香料市集裡人聲鼎沸，金黃、橙橘、豔紅、深褐與淺綠，五顏六色堆疊如一座座小山丘的香料，以及杏桃乾、無花果乾、開心果、松子等乾果，應有盡有，也有紀念品店，這裡是購買土特產的好去處。

有頂大市集

香料市場

新城區的繁華時尚

經過加拉達橋來到新城區，以塔克新廣場為中心，周邊是高級飯店及各國領事館所在，往南延伸 3 公里長的獨立大道（Istiklal Caddesi）是伊斯坦堡最繁華的街道，流行品牌與各種美食聚集；迎面緩緩駛來的復古路面電車散發著美麗風情；登上加拉達塔眺望，城市美景盡收眼底。

獨立大道上的復古電車　　　可愛的麵包車

博斯普魯斯遊船

博斯普魯斯海峽如咽喉般，狹長的水道切開伊斯坦堡兩岸，搭著遊船從海上看伊斯坦堡，清真寺、喚拜塔構築了美麗的天際線，美麗的多瑪巴切宮與海面的倒影，山丘上矗立著堅厚石牆維護的魯梅利碉堡，岸邊的別墅與豪宅，優雅的大橋橫跨海上，沿岸風光與海上的鷗鳥飛舞相映，勾勒出伊斯坦堡獨特的風華。

搭遊船觀覽伊斯坦堡重要地標

逛傳統市場是
旅行的一種樂趣

魚市場裡的巷弄

　　傳統市場是當地居民生活的縮影，也是一個最富生命力與在地氣息的地方。生活裡每個人都是透過自家餐桌上的食物去認識自己生命當中最深刻、也最熟悉的味道；一趟美好的旅行如果少了一種難忘的滋味，就會像咖啡少了誘人的香氣那般，喝起來過於平淡了些。旅行時可以透過不同的滋味去認識異國的文化，讓食物帶領我們走一趟深度之旅，留下特別的記憶。

　　伊斯坦堡的土耳其料理課是從逛當地人的傳統市場開始，跟著老師走進巷弄裡，認識當地人喜愛的小吃，品嚐道地的口味，再自己動手做土耳其料理。

　　早上 10 點 20 分，我與女兒已經站在約定的地點等候。這次料理課有女兒作伴，我決定從旁聽生直升為正科生，母女倆一起上料理課就是我們此次旅行的主題，我不能再當肉腳了。

　　當我們東張西望，再三確認地點的正確與否時，來了一對年輕夫婦帶了一個小女孩，我猜想他們應該是一起上料理課的同學吧！過了 7、8 分鐘，陸陸續續有人來到，然後是一位高個子男士出現，他就是料理課的老師。我們這一班共 11 人，除了我最先見到的德國夫婦與小孩，還有兩位澳大利亞女生、一位加拿大中年女士、洛杉磯來的一對情侶、一個沙烏地阿拉伯的男生，以及我們母女倆，有來自西方也有東方的，有老也有少，同學的年齡層非常廣。

　　料理課從走逛傳統市場開始，在熱鬧的獨立大道上商店林立，逛街的人潮不少，紅色復古電車緩緩駛過，來到伊斯坦堡的遊客肯定不會錯過這個頗有特色的景點，但是如果沒有當地人帶路，很有可能會錯過藏在巷弄裡的傳統市場，這裡與遊客出入的景點區有著全然不同的感受與體驗。

　　這個市場最早之前是魚市場，因為城市的演變，市場也有了不同的面貌，現在除了幾間賣魚的店，還多了蔬果店、雜貨店、食品店等，市場周邊也發展起來，有餐廳與古董店聚集的拱廊街。

　　早上，賣炸蚵仔的小吃店才剛剛開始準備，賣魚的攤子因為夏天天熱，一早把魚冰進冷凍櫃裡，但是你仔細瞧店門口擺的一包包鹹魚乾裡，竟然也有烏魚子呢！當然長相與吃法是各有千秋囉！香料店裡的各式果乾堅果與各種香料配方，一罐罐陳列在架上，吸引同學們好奇的目光，中年的胖老闆解說香料除了是烹調料理必備的調味料，有些還是日常生活保健腸胃或身體的良方，此外若要買蘋果茶或伊朗產、品質最好的

老字號糖果店　　　　　　　　　　　　　　　　　　賣小吃的小店

番紅花這裡都有。如果你看過《香料共和國》這部電影，應該不會忘記小男孩的爺爺就像一位魔法師，告訴他許多香料的祕密，而眼前的這個胖老闆也有點像是爺爺的化身，正向你娓娓道來香料的神奇妙用；沙烏地男孩買了一包松子，他說母親最喜歡用松子做料理。

　　我們一邊逛，一邊聽解說，也進了幾家店裡去品嘗，百年甜點老店的古早味土耳其軟糖，有玫瑰或開心果、覆盆子等不同味道的，儘管吃起來感覺甜膩了些，但是那種單純的滋味很能令人想起童年的新港飴或麥芽糖，它也許不能跟現代甜點店那些五花八門的餅乾糖果爭奇鬥豔，卻有每個人小時候的幸福味道。那個年代的甜點是純手工製作，也沒有添加防腐劑或塑化劑。

　　賣醃漬食品的專門店更是迷人，把當令盛產的食物用古老年代傳承下來的方法保存，留著每個季節的滋味來享用。這裡的各式醃漬食品應有盡有，貨色齊全，色彩繽紛，包括醃黃瓜、醃辣椒、醃檸檬、醃甜椒、醃茄子、醃甜菜和醃秋葵等各種醃菜，甚至連

市場裡的蔬果店

醃甜瓜、醃西瓜都有，只要你想得到的他們都有，請叫他醃食達人吧！品嘗了他家的醃黃瓜與辣椒，大家都讚不絕口呢！我看到架上一罐罐黑呼呼像醬油一般的東西，就問老師那是什麼？（其實我心裡已經猜它是沙拉裡的醬汁）賓果！醬汁用途是猜對了，但它是哪種醬汁呢？老師解說那是石榴糖漿，這種酸酸甜甜的醬汁用途很廣，看你如何發揮創意，土耳其人一般是用來當沙拉醬汁，但將它送給德國朋友，德國友人是拿去淋在冰淇淋上，美國朋友則拿去調雞尾酒。小小一瓶創意無限，太有意思了！如果不是因為液體很難攜帶的緣故，我真想買個一打回臺灣分享給眾親友大玩創意呢！

　　逛完食品雜貨店，有一家小店的食物吸引了大家的注意，一種捏成麵疙瘩形狀的素丸子以生菜葉包著食用，吃起來像「辣蘿蔔乾混了豆泥」，鹹辣裡還帶著一種說不出的奇特口味，這是土耳其的傳統食物，原版是肉丸，因為氣候炎熱的季節怕食物腐壞，就改為素食。最後，在街角的蔬菜攤老闆熱烈地和老師討論起今天的青菜如何如何聲中，逛完了這趟傳統市場的美味風景之旅。

料理課的美食地圖

伊斯坦堡廚房

伊斯坦堡料理課

　　一提到土耳其食物大家馬上會想到「沙威瑪」，它其實是眾多烤肉料理的其中之一，以一根直立的柱子串著很多肉堆疊而成的大肉塊慢慢旋轉，待烤熟時就用刀子削下一片片來，搭配烤餅或麵包吃，稱為Doner Kebabi，街頭巷尾到處可見，可算是土耳其版的漢堡。

　　土耳其的烤肉料理種類繁多，各個地方有自己的特色，各種烤肉料理通稱為卡巴（Kebab）。烤肉料理是土耳其料理的一部分，它是受到阿拉伯地區的影響，源自土耳其東南部的吳法、加濟安特普一帶，老師說五十年前伊斯坦堡還很難找到卡巴呢！在 1980 年代後，由於土東人口有不少移居到土西，卡巴才開始在伊斯坦堡盛行，現在它已成為所有遊客心目中土國的國民美食。

　　但是土耳其版圖廣大，幅員遼闊，料理大致可分為三類，除了烤肉料理，也有魚料理和種類繁多的Meze（前菜的意思，也就是像 Tapas 之類的下酒菜或小菜）；還有一類是鄂圖曼宮廷料理。老師介紹完土耳其料理的種類，我們也有了完整的概念。

我會做土耳其料理

Humus-Chick Pras Paste（鷹嘴豆泥）

逛完市場，來到窗明几淨的料理教室，大家開始洗手作羹湯。這堂課的食譜上有五道料理，首先上場的是「胡穆斯」，即鷹嘴豆泥。洗淨的鷹嘴豆以滾水沖泡，再煮到熟軟。大家邊喝茶邊幫豆子去殼，然後加入蒜泥、芝麻醬、小茴香等，再以橄欖油與檸檬汁調和而成。我印象裡這是許多伊斯蘭教國家愛吃的料理，作為麵包或烤餅的好搭檔，老師與沙烏地男孩聊起這道料理的作法，他說也有以水或牛奶替代橄欖油的作法，有些阿拉伯國家喜歡較稀一點的口感。飲食在地化，同一種食物在不同地區會發展出不同的口味，就像同樣是臺灣的肉丸，有些地方吃油炸，有些地方吃蒸的，我還吃過湯的肉丸（叫肉丸但沒豬肉，而是一點點魚肉）。

鷹嘴豆

據說鷹嘴豆是能降低血脂與膽固醇的好豆，向來愛吃紅豆、綠豆、黑豆和土豆的我們，當然不能錯過嘗嘗這道鷹嘴豆泥，然後學起來做給家人朋友吃，旅行歸來除了買紀念品送人，更可以分享美食。

鷹嘴豆泥配醃辣椒

Kozde Patlican-Roasted Eggplants Meze（烤茄子泥）

把茄子烤熟

土耳其茄子長得圓圓胖胖，顏色紫得發亮。跟我們料理茄子的方式不同，老師將茄子拿來烤，先用刀在茄子上戳四、五個洞，再以瓦斯爐或炭火烤。一般家庭可使用有洞的烤盤放在瓦斯爐上，將茄子擺在盤上烤，過程中要翻轉茄子，烤到外焦內軟為止。我們問：用煮的可不可以？或是就用烤箱烤？老師點出了這道料理的小祕密：茄子烤的時候苦味就會隨著蒸氣消失，如果以水煮，必須先泡水去苦味，而以烤箱烤則沒有煙燻的味道（試著想像煙燻糖心蛋的滋味，少了一味真的差很多），所以土版的茄子就以土版的方法做。

茄子烤熟了用刀朝蒂頭旁切下去大約一半的厚度，然後橫向剖開，小心以湯匙刮出白色茄肉，切記不要把烤得黑黑的皮「加料」進去喔！接著加入大蒜泥、鹽、檸檬汁或醋、橄欖油，拌勻後撒巴西利香菜葉裝飾，也可以加一點黑橄欖，夏天冰涼的吃最美味。鷹嘴豆泥和茄子泥適合配麵包吃，放點醃黃瓜與醃辣椒在旁邊搭配更是開胃爽口呢（沒想到醃辣椒竟然是我們這個小小聯合國的共同語言：吃了會微笑）！

Kisir-Cracked Wheat Salad（脆麥沙拉）

脆麥沙拉、茄子泥與雪茄乳酪捲

是用一種叫 bulgur 的碎麥粒以滾水浸泡，充分吸收後再加入炒香的洋蔥丁與辣椒醬，還有新鮮的番茄丁與香菜葉，接著取少許的小茴香及一種像酸梅粉的 sumac 香料調味，最後淋上橄欖油、檸檬汁和石榴糖漿拌勻。可以冷藏後涼涼的吃，或是用生菜葉盛著食用。老師介紹這道菜是伊斯坦堡家庭主婦聚會的食物，因為容易準備且可供多人食用。在臺灣的家庭聚會可能最常見做一大盤炒米粉或炒飯，或許也可以找機會試做個土耳其的 Kisir 讓大家嘗鮮。

Peynirli Sigara Boregi-Cigarette Borek（雪茄乳酪捲）

這是一道土耳其家常點心，外型像細長的炸春捲，也像雪茄香菸的形狀。用類似春捲皮那樣薄的麵皮（yufka）包捲白乳酪與香菜（或是菠菜亦可）的餡料，然後油炸成金黃色。這個「土版炸春捲」熱的吃非常香，但一定要配熱茶才不會膩。

Irmik Helvasi-Semolina Helva（宮廷小甜點）

這道甜點有非常古早味的感覺，它其實是簡單的幾個材料所組成，以我們現代人的眼光來看，一點也不出色，但它可是從前鄂圖曼帝國的蘇丹喜歡吃的點心呢！據說是由宮廷的廚師長做給蘇丹吃，蘇丹很喜歡，蘇丹死後，人民就吃這道點心來懷念蘇丹（嘿！怎麼讓我想起端午節我們吃粽子來懷念屈原的事，這種習俗難道也是中國傳過去的）。這個習俗後來逐漸演變成土耳其老百姓在喪禮期間會做給朋友或鄰居吃，一起來懷念那位已故之人。

這道「懷舊小點心」是以奶油加烤過的松子及粗粒小麥粉用小火去煮，再以熬煮好的糖漿與它攪拌到完全吸收而膨脹，然後加一點肉桂粉攪拌均勻，若要比較溼潤或較為乾稠一點，則視自己的喜好決定。喜好吃甜食的土耳其人當然是不甜誓死不休，老師料理時把它的糖分減半，並說明現代人注重健康養生，所以調整糖的分量。但我看土耳其人喝茶時都要加好幾塊方糖，不知道他們是怎麼想的。

學做土耳其料理

宮廷小甜點

料理課裡的五個小祕密

小孩子可以上料理課嗎？

看過來：德國爸媽的親子料理課

　　什麼年齡層的人適合上料理課？小孩子可以嗎？我從教室裡的這對德國爸媽身上看到德式教育有意思之處。當孩子小時候，身為父母通常會擔心小孩的安全，所以很多父母禁止小孩進廚房；等到小孩上學，為了讓他用功讀書常常免做家事，只要飯來張口，茶來伸手就好。這對德國爸媽讓他們差不多 4 歲大的小孩嘗試拿刀切菜、剝豆殼、拿湯匙刮茄子肉、包乳酪捲、去幫老師攪拌材料，爸媽鼓勵她參與所有的過程，他們還會適時地反映小朋友不敢吃辣，所以老師在用辣椒醬時便會考量到這點。小孩子從中學習到生活技能，並且從父母身上學會清楚表達自己的意見，因為被尊重而學會尊重他人。父母不用說教方式，沒有責備，不過度擔心，這堂課一整個下午小孩沒有吵鬧，沒有不耐煩，開心地玩她的料理，與我們所有的大人一起完成料理課程（難怪德國人做事能夠嚴謹又負責）。

　　我很想要告訴年輕的父母，如果可以帶孩子一起旅行，不見得非要去遊樂園不可，和孩子一起參加料理課也是一趟很好的親子旅行，旅行當中可以有生活

親子料理課

的鍛鍊，可以學習合作，可以增加成就感，一起做料理更可以讓親子感情加溫。平時不妨讓孩子進廚房，從認識食物開始，透過料理連結食物與人的關係。奧利佛食物基金會執行長尼爾·洛弗說：「在都市長大的孩子很容易受到速食文化的影響，吃東西只追求美味，卻忽略均衡與健康。」如果能在孩子小時候養成進廚房與做家事的習慣，就可以建立正確的生活觀念。

母女一起上料理課好玩嗎？

看過來：共享母女的親密時光

　　女兒小時候就常進廚房玩，與我一起做菜，廚房是她的遊樂場，從一把奶油刀、一根小黃瓜開始，站在板凳上當小廚師扮家家酒，這也是認真地在做料理，等會兒媽媽就會把她切的小黃瓜下鍋炒，變成餐桌上的一道佳餚。國中以後雖然她漸漸遠離廚房，但假日會主動洗碗筷，現在我們再次在廚房裡相遇，一起上料理課，重新開啟了往昔廚房裡相互陪伴的親密時光。我記得有位母親說過：「我很想吃未來媳婦做的菜。」與其對未來存著虛幻的期待，我想說的是我更喜歡當下一起做料理的時光，母女一起上料理課讓我感受到女兒陪伴我的幸福。

認真做料理的女兒

料理課的同學

番茄去皮還是去籽？

看過來：料理手法面面觀

　　土耳其料理當中少不了番茄，它是很多料理的重要角色，會出現在沙拉、湯、燉菜裡，也會裝飾在烤肉料理旁邊，或者擔當重任挑起大樑，像個容器般負責包覆其他食材一起出現。而在南歐的地中海料理中，它也是不可或缺的主角之一，有一道南義的經典料理，紅豔的新鮮番茄、白色的起士和綠色的羅勒組成如義大利國旗的顏色，令人印象深刻。不同的國家使用番茄調理出各自的特色，而料理中也隱藏著各自的風格，我們在料理課中可以從一顆小小的番茄看到不同的飲食文化。

　　老師說：「義大利人愛用番茄做料理，但是他們會去籽；土耳其人也愛用番茄做料理，但是會去皮。」去皮或去籽各有其料理的手法，我看希臘沙拉裡的番茄沒去皮、也沒去籽，我的臺式番茄炒蛋通常沒去皮、也沒去籽。也許其中細微的差異並不怎麼影響料理的風味，但卻關乎個別的講究與風格。料理中的小小差異，可能反映出不同族群的想法與態度。

為什麼要用沒有柄的玻璃杯喝熱茶？

看過來：飲食文化大不同

喝紅茶的鬱金香形玻璃杯

　　土耳其人愛喝茶，茶是土耳其的國飲，土耳其人可說是一日不可無茶，餐餐不可無茶，簡直到無茶令人「瘦」的地步。Cay 就是茶，連發音都近似「茶」（cha），可見這種喝茶習慣來自中國文化的影響。但是臺灣人愛喝綠茶，土耳其人愛喝紅茶。在土耳其任何地方、任何時間都可以看到茶，樹下或廣場邊聚集的男人喝著茶，店家招呼客人請喝茶，巴士站裡還有揹著茶筒賣茶的人，長途巴士上也有車掌會送茶給乘客喝呢！在路上逛，一定會看到有人提著一個吊籃似的茶盤，上面放著幾個裝著熱紅茶的玻璃杯，正快步走過要送茶給叫茶的店家或座上的客人。

　　當我們在料理教室裡邊喝熱茶邊剝鷹嘴豆殼時，外國同學問老師：「為什麼大熱天還要喝熱茶，而且熱茶要裝在沒有杯柄的玻璃杯裡？」這個問題其實也等於在問來自臺灣的我們，咱們夏天也會喝熱茶，而且喝茶用的小茶杯

也沒有柄，只不過並非玻璃杯。由於喝熱茶才能聞到茶的香氣，至於沒有杯柄，我只能猜測品茗是要細細品味，拿杯子的動作就反映了喝茶的生活哲學吧！用玻璃杯喝茶，我覺得可以更清楚看到茶湯的顏色，玻璃杯清一色是鬱金香形狀（因為鬱金香來自土耳其，土國人就是這麼愛國），看起來很美，只是喝的時候必須用點技巧才不會燙手，我用拇指與食指放在杯子兩邊的邊緣上示範給外國同學看，邊喝邊吹一下，不知道這樣有沒有解答她的疑惑（想想看，電視劇裡的古代文人喝茶用蓋碗，邊喝還邊以杯蓋撥開茶葉呢！我如果這樣示範，外國同學肯定會更困惑不解）。

土耳其紅茶呈紅棕色，微微的苦、也帶著甘，通常紅茶是放在土式的茶壺裡沖泡，壺有上下兩個疊著，上層壺放茶葉和水，下層壺放水，燒煮時下層壺的蒸氣可把上層壺的茶水煮開，倒在玻璃杯裡，再依照個人的口味加一些熱水，土耳其人則會加方糖來飲用。

料理課的男生是稀有動物嗎？

看過來：國情差很大

料理課裡的男生不是少數族群及稀有動物。臺灣的家庭很少鼓勵或要求男生進廚房，傳統文化裡「君子遠庖廚」的觀念影響甚鉅，到現在還有很多男性認為下廚是女人的事，在家有媽媽，結了婚有老婆。我的先生曾被友人稱讚是「新好男人」，他願意幫忙做家事，但進廚房只是洗洗菜、拿碗盤，做料理則認為自己不是掌廚的料。我認為每個人若不是以當專業廚師為目標，其實都可以學會做家常料理的。

我在料理課看到的男生當然是勇於嘗試，樂於享受親手做料理的男性，他們會不會做菜給家人吃我不知道，但我很欣賞他們對食物的興趣不是只有吃，然後評價它的好壞，而是樂意知道料理的過程，從中去認識各種不同的文化。料理往往是一個國家文化的反映，吃什麼？為什麼這麼吃？這是人與地理環境、氣候及歷史因素的影響之下，人類在生活中求生存，運用智慧讓食物給予生活能量，進而在富足後還可以享受飲食的樂趣。

課堂裡的男生都不是以料理為職業的男性，也不是為了工作來進修（這種廚師應該都在某廚藝學校修業或某餐廳實習吧）。我想出國旅行若是把喜歡的紀念品大肆收購一番，那就要一路當苦力扛著走，行李萬一超重還要付不少運費，所以我願意選擇一堂料理課，把美好的味道帶回家當紀念品。在某個悠閒的假日，也可以來個異國料理趴，做一兩道料理分享給身邊的親朋好友，是不是很浪漫呢？再說，會做菜的男生，就算只會一兩道菜，願意為心愛的人做料理其實比上大餐廳有誠意而且省錢呢！

乳酪派到底是誰家的菜？

　　希臘的三角形乳酪派與土耳其的雪茄乳酪捲其實相似度極高，它們都是以 Fillo 薄餅皮包捲做成的，形狀雖不同，但餡料卻相似，都是以乳酪為主角，都有配上菠菜的或沒菠菜的兩種版本，究竟這是誰家發明的菜呢？我沒有在料理課上問這個問題，想想看，你問土耳其人，他們一定會說：「當然是我家的。」那問希臘人呢？當然是他家的菜。仔細分辨的話，希臘三角乳酪派用希臘自家的 Feta 起士，有的會加上新鮮蒔蘿、薄荷與巴西利香菜；土耳其的則用 White Skim 起士，只加巴西利香菜。

土耳其雪茄乳酪捲

土耳其雪茄乳酪捲

材料：

Fillo 薄餅皮（若買不到，可用春捲皮替代）／ White Skim 起士 180 克，捏碎（可選自己喜愛的起士取代）／蛋 1 個，打散／巴西利香菜 1 或 2 株，切碎（若喜歡菠菜，也可切碎加入）／油 2 杯

作法：

① 用叉子將起士搗碎，加蛋液及切碎的巴西利香菜拌勻。

② 將 Fillo 薄餅皮攤開，取 4 層切成 8 塊底部約 13 ～ 15 公分的長三角形。（還沒用到的 Fillo 薄餅皮要蓋上毛巾，以免乾掉）

③ 薄餅皮可用 2 張相疊，在三角形底部的這邊放上少量的餡料，像包春捲那樣捲起，並將兩邊往內摺，包捲成長條狀，在麵皮最外層沾水黏貼好，形狀如雪茄。

④ 油炸至金黃色。

希臘三角乳酪派

材料：

與土耳其雪茄乳酪捲相同

作法：

① 烤箱以 180℃預熱 10 分鐘。

② 將奶油融化，打開 Fillo 薄餅皮，由長邊切成 8 公分寬的長條，以 4 張為一份，每層都刷上融化的奶油，取一大匙的餡料放在底部，摺一個三角形斜邊，再往前沿邊捲好成為三角形，最外層要沾水黏住。

③ 烤盤抹油，每個三角派刷上奶油，烤 30 分鐘。

在家做希臘三角乳酪派

 INFO　伊斯坦堡料理課資訊

www.istanbu'cookingschool.com

後記　三人行不行

　　找一個可以一起旅行的人不是件容易的事，更別說是三人成行。旅行裡所有瑣碎的細節，包括每天要吃什麼，要去哪些景點，要不要逛街買紀念品，要如何分工，花錢的方式等，所有大小事都在這個陌生的國度裡考驗著彼此，在某個緊張的時刻，或是非常疲勞的情況，可能冷不防地突發抱怨的言語，可能因為對方的固執堅持，比如說老是為了拍照，不顧同伴的飢腸轆轆……之類的原因，彼此累積了一些不滿的情緒，埋下了衝突的地雷。

　　希臘的風景固然十分浪漫，可以讓戀人們感情更甜蜜，作為一家人的我們，也可以手牽手徜徉在愛琴海小島，一起在愛琴海的藍天下等待落日美景。我們一起在旅途裡冒險，體驗在人生地不熟的地方發生的烏龍糗事，就算難免發生了些爭執，也會因為身在陌生的地方，特別能感受到彼此相互照顧與陪伴的重要性。畢竟有人可能老是忘記帶充電器、變壓器、轉接插頭之類的東西，有人（就是我）則是路癡，若不是有個方向感如雷達般準確的旅伴，可能會把自己搞丟在茫茫人海中。

　　利用有限的人生好好結伴旅行，是我們彼此的承諾。「途窮不憂，行誤不悔」是人家形容自助旅行祖師爺徐霞客的精神，我們一路走來彼此也培養出這種默契，遇到租車自駕時，另一半開車，由我來當查看離線地圖帶路的領隊，有時一個閃失，不小心「誤入歧途」而越開越荒涼，甚至連月亮都已經出現在天空中瞇著眼偷笑，到底前方何處才是我「家」呀？此時誰也無須怪罪對方的失誤，途窮行誤以至於錯過美麗的景點，「不憂與不悔」才是旅行的真諦呀！

宛如白色迷宮的巷弄

國家圖書館出版品預行編目資料

尋味希臘 / 王玲慧文．攝影． -- 初版． -- 臺北市：
華成圖書，2015.08
　　面；　　公分． --（自主行系列；B6166）
ISBN 978-986-192-251-5（平裝）

1. 旅遊 2. 希臘

749.59　　　　　　　　　　　　　　104009994

自主行系列　　B6166

尋味希臘

作　　者／王玲慧

出版發行／[華杏出版機構]
　　　　　華成圖書出版股份有限公司
　　　　　www.far-reaching.com.tw
　　　　　台北市10059新生南路一段50-2號7樓
　　　　　戶　　名　華成圖書出版股份有限公司
　　　　　郵政劃撥　19590886
　　　　　e-mail　huacheng@farseeing.com.tw
　　　　　電　　話　02－23921167
　　　　　傳　　真　02－23225455
　　　　　華杏網址　www.farseeing.com.tw
　　　　　e-mail　fars@ms6.hinet.net
　　　　　華成創辦人　　郭麗群
　　　　　發 行 人　　蕭聿雯
　　　　　總 經 理　　熊 芸
　　　　　法 律 顧 問　　蕭雄淋・陳淑貞

　　　　　總 編 輯　　周慧琍
　　　　　企 劃 主 編　　蔡承恩
　　　　　企 劃 編 輯　　林逸叡
　　　　　執 行 編 輯　　張靜怡
　　　　　美 術 設 計　　陳琪叡
　　　　　印 務 專 員　　何麗英

定　　　價／以封底定價為準

出 版 印 刷／2015年8月初版1刷

總 經 銷／知己圖書股份有限公司
　　　　　台中市工業區30路1號　　電話　04-23595819　　傳真　04-23597123

☻讀者回函卡

謝謝您購買此書，為了加強對讀者的服務，請詳細填寫本回函卡，寄回給我們（免貼郵票）或 E-mail至huacheng@farseeing.com.tw給予建議，您即可不定期收到本公司的出版訊息！

您所購買的書名/_____　　購買書店名/_____

您的姓名/_____　　聯絡電話/_____

您的性別/□男 □女　　您的生日/西元_____年____月____日

您的通訊地址/□□□□□_____

您的電子郵件信箱/_____

您的職業/□學生 □軍公教 □金融 □服務 □資訊 □製造 □自由 □傳播
　　　　　□農漁牧 □家管 □退休 □其他

您的學歷/□國中（含以下） □高中（職） □大學（大專） □研究所（含以上）

您從何處得知本書訊息/（可複選）

□書店 □網路 □報紙 □雜誌 □電視 □廣播 □他人推薦 □其他

您經常的購書習慣/（可複選）

□書店購買 □網路購書 □傳真訂購 □郵政劃撥 □其他_____

您覺得本書價格/□合理 □偏高 □便宜

您對本書的評價（請填代號/ 1.非常滿意 2.滿意 3.尚可 4.不滿意 5.非常不滿意）

封面設計_____ 版面編排_____ 書名_____ 內容_____ 文筆_____

您對於讀完本書後感到/□收穫很大 □有點小收穫 □沒有收穫

您會推薦本書給別人嗎/□會 □不會 □不一定

您希望閱讀到什麼類型的書籍/_____

您對本書及我們的建議/

〔華杏出版機構〕

華成圖書出版股份有限公司　收

台北市10059新生南路一段50-1號4F　TEL/02-23921167

(沿線剪下)

（對折黏貼後，即可直接郵寄）

本公司為求提升品質特別設計這份「讀者回函卡」，懇請惠予意見，幫助我們更上一層樓。感謝您的支持與愛護！

www.far-reaching.com.tw　　　請將　B6166　「讀者回函卡」寄回或傳真(02) 2394-9913